ein Ullstein Buch

ÜBER DAS BUCH:

Nicht nur Bücher regieren die Welt des Satirikers Ephraim Kishon, er ist nebenbei auch Fernsehproduzent, Regisseur, Drehbuchautor, leidenschaftlicher Medientechniker und nicht zuletzt Zeitungskolumnist – kurz und gut: ein wahrer Medienexperte. Und um die unbegrenzte Macht der Medien geht es in diesem hochaktuellen Sammelband, um Presse, Funk und Fernsehen, um Lust und Leid im Umgang mit ihnen, um die zügellose Pressefreiheit, um Sensationsgier, Klatschkolumnisten und ihre begeisterten Opfer. Ephraim Kishon erzählt von der unheilbaren Erzfeindschaft zwischen Telefon und Fernsehen, von verlorenen Rezensionsschlachten und mörderischen Exklusivinterviews, von Medienmasochismus und Seriensucht, von der Hitparadenmafia und von infantilen Quiz-Shows... Eine brillante Abrechnung mit den Medien, die wohl jedem Betroffenen – und wer ist dies heute nicht – aus übervollem Herzen spricht.

DER AUTOR:

Ephraim Kishon, am 23. August 1924 als Ferenc (Franz) Hoffmann in Budapest geboren. Studium der Kunstgeschichte und Besuch der Kunstakademie. 1949 Auswanderung nach Israel, wo er von einem Einwanderungsbeamten den Namen erhielt, unter dem er weltberühmt wurde. Er arbeitete zunächst in einem Kibbuz und publizierte seit 1952 politisch-satirische Glossen in verschiedenen Tageszeitungen. Ephraim Kishon lebt als freier Schriftsteller in Tel Aviv.

Ephraim Kishon

TOTAL VERKABELT

Satirisches um Presse, Funk und Fernsehen

Mit Zeichnungen von Rudolf Angerer

ein Ullstein Buch

ein Ullstein Buch
Nr. 22439
im Verlag Ullstein GmbH,
Frankfurt/M – Berlin
Ins Deutsche übertragen
von Friedrich Torberg,
Gerhard Bronner und
Ephraim Kishon
Redaktion: Brigitte Sinhuber

Ungekürzte Ausgabe

Umschlagillustration:
Rudolf Angerer

Taschenbuchausgabe
mit Genehmigung von Langen Müller in
der F. A. Herbig Verlagsbuchhhandlung
GmbH, München · Berlin

Printed in Germany 1992
Druck und Verarbeitung:
Ebner Ulm
ISBN 3 548 22439 3

Juli 1992
41.–52. Tsd.
Gedruckt auf Papier mit chlorfrei
gebleichtem Zellstoff

Die Deutsche Bibliothek –
CIP-Einheitsaufnahme

Kishon, Ephraim:
Total verkabelt: Satirisches um Presse,
Funk und Fernsehen / Ephraim Kishon.
Mit Zeichn. von Rudolf Angerer. [Ins Dt.
übertr. von Friedrich Torberg ...]. –
Ungekürzte Ausg., 41.–52. Tsd. –
Frankfurt/M; Berlin: Ullstein, 1992
(Ullstein-Buch; Nr. 22439)
ISBN 3-548-22439-3
NE: GT
Vw: Hoffmann, Ferenc [Wirkl. Name] →
Kishon, Ephraim

Vom selben Autor
in der Reihe
der Ullstein Bücher:

Der seekranke Walfisch (3428)
Pardon, wir haben gewonnen (3430)
Der Fuchs im Hühnerstall (3431)
Kishons beste Familiengeschichten (20001)
Der quergestreifte Kaugummi (20013)
In Sachen Kain und Abel (20025)
Es war die Lerche (20033)
Mein Freund Jossele (20053)
Kishon für Kenner (20065)
Wenn das Auto Schnupfen hat (20137)
Schokolade auf Reisen (20158)
Kishons beste Reisegeschichten (20333)
Paradies neu zu vermieten (20471)
Auch dic Waschmaschine ist nur ein Mensch (20472)
Kishons beste Tiergeschichten (20527)
Kein Öl, Moses? (20569)
Abraham kann nichts dafür (20723)
Beinahe die Wahrheit (20766)
Picasso war kein Scharlatan (20898)
Im neuen Jahr wird alles anders (20981)
Kein Applaus für Podmanitzki (20982)
Kishon für alle Fälle (22114)
Kishon für Manager (22276)
Hausapotheke für Gesunde (22350)
Drehn Sie sich um, Frau Lot! (22427)
... und die beste Ehefrau von allen (22601)
Das große Kishon-Karussell (22752)
Wie unfair, David! (22837)
Der Hund, der Knöpfe fraß (40012)
Arche Noah, Touristenklasse (40112)

Inhalt

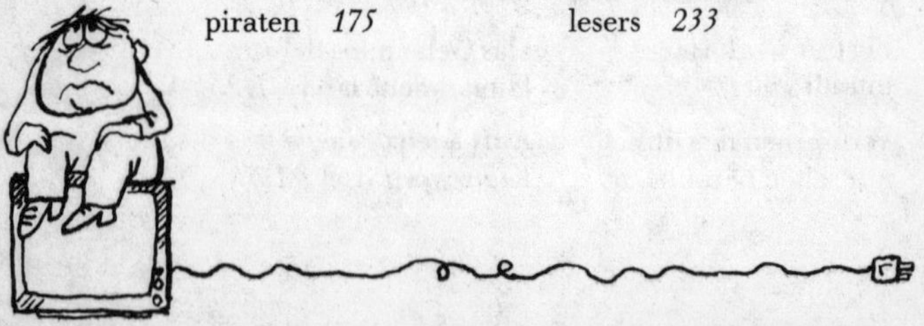

Warum man dieses Buch nicht schreiben sollte

Dies ist der waghalsige Versuch, ein humorvolles Buch über ein humorloses Thema zu schreiben.
Ich spreche von der Weltherrschaft, wovon denn sonst.
Wenn mein Gedächtnis mich nicht täuscht, und warum sollte es, haben es bisher nur wilde Mongolenhorden und zuchtvolle römische Legionen geschafft, alle seinerzeit erreichbaren Völker entweder als Steuerzahler zu unterjochen oder, um möglichen Hinterziehungen vorzubeugen, sie gleich auszurotten. Heute, in der zweiten Hälfte unseres abwechslungsreichen Jahrhunderts, erleben wir allerdings die Etablierung einer dritten Weltherrschaft: die der Massenmedien.
Ja, in kurzer Zeit haben die Medien den gesamten Erdball in die Knie gezwungen: der Haustyrann Farbfernsehen, sein frustrierter Bruder Radio und ihre zahnlose Oma, die grantige Presse.
Das unschlagbare Medientrio hat unseren Alltag zweifellos fest im Griff: Denn wer weckt die zivilisierte Menschheit in aller Herrgottsfrühe, und wer läßt sie bis tief in die Nacht nicht einschlafen? Wer entscheidet, welches Theaterstück, welches Kräutershampoo und welcher Po-

litiker »in« ist, wer überleben darf und wer aus dem Verkehr gezogen wird?
Die Medien, die Medien.
In der großen Weltarena entscheiden sie über Leben, Tod und Devisenkurse. Sogar Kriegsverläufe können sie mitbestimmen. Hätte zum Beispiel Nordvietnam ohne die Frontberichte des amerikanischen Fernsehens jemals die USA besiegt? Oder hätte Margaret Thatcher den Falklandkrieg gewinnen können, wenn die englische Presse nicht rechtzeitig von den Schlachtfeldern vertrieben worden wäre?
Im Ring des politischen Machtkampfes krönt die Mediendynastie die Häupter oder läßt sie rollen. Die Rechnung geht immer auf: Die Massenmedien bilden die öffentliche Meinung mit Hilfe explosiven Bildmaterials, die öffentliche Meinung bildet die Regierung aus fotogenen Politikern, die Politiker bilden sich ein, sie könnten sich spektakuläre Seitensprünge in der Wirtschaft und im Privatleben ohne Konsequenzen leisten, worauf die wachsamen Massenmedien ihnen auf die Schliche kommen und sie durch Politiker mit mehr Glück und weniger Potenz ersetzen...

Um Mißverständnissen vorzubeugen: Natürlich ist jedes meiner Worte auch als Selbstkritik gemeint. Auch ich ausgefuchster Journalist habe schließlich kapituliert und die weiße Fahne vor dem siegreichen Bildschirm gehißt. Vom ver-

fluchten Video nicht zu sprechen, das meine audiovisuelle Verkabelung an die Grenzen der Sucht treibt.
Dafür mache ich zuallererst die Gesetzgebung verantwortlich, die das Kopieren von urheberrechtlich geschützten Videobändern leichtsinnigerweise verboten hat. Seither verbringe ich nämlich, wie jeder normale Mensch, einen wesentlichen Teil meiner Arbeitszeit mit dem Kopieren von urheberrechtlich geschützten Videobändern, ohne Rücksicht auf Herkunft, Zivilstand und Religion.
Nach meiner letzten Hochrechnung müßte ich noch 190 Jahre leben, um ein Drittel meines Videoarchivs anzuschauen. Es hängt also nur von meiner körperlichen Verfassung ab, ob ich es schaffe. Neuerdings sehe ich mir die Filme nur mit Zeitraffer an.

Also gut, ich bin bereit anzuerkennen, daß die Massenmedien den Bestand der Freiheit und der Menschenrechte garantieren. Ohne sie wüßte die schweigende Mehrheit nichts von den vertuschten moralischen und nuklearen Katastrophen, von Watergate bis Tschernobyl, vom diensthabenden Ayatollah bis zu Breschnews Schwiegersohn. Die Medien sind bellende Wachhunde der Demokratie, und die Demokratie ist bekanntlich das beste politische System, weil man es ungestraft beschimpfen kann.
Das Problem ist lediglich, daß auch bellende

Wachhunde manchmal beißen. Nicht etwa, weil sie tollwütig wären, sondern weil sie dem heiligen Prinzip der freien Medien verpflichtet sind: »Das Publikum hat das Recht, die Wahrheit zu erfahren!«

Die volle und die nackte Wahrheit.

Besonders die nackte.

Denn wie sonst hätte das werte Publikum die körperlichen Vorzüge von Prinz Andrews kleiner Geliebten einschätzen können, wenn die BBC nicht inmitten der Abendnachrichten ihre Stripteaseszene aus einem Pornofilm ausgestrahlt hätte? Schließlich geht es um umfassende Informationsleistung, nicht wahr?

Die Weltöffentlichkeit hätte auch nie erfahren, wie viele Kronen die englische Königin in ihrem Mund trägt, wenn nicht ein demokratisch denkender Reporter ihr Gähnen aus der Froschperspektive in einem Schnappschuß verewigt hätte.

Das Volk hat doch das Recht, die volle Wahrheit zu erfahren!

Wie auch im Falle der verantwortungsbewußten deutschen Medienleute, die unlängst die strapaziöse Tour der beiden drogensüchtigen Kidnapper durch halb Deutschland mitgemacht haben, um das breite Publikum nicht im Dunkeln tappen zu lassen. Auf einen Schlag erfüllten sie eine öffentliche Mission und den Auftrag, die Auflage in die Höhe zu jagen.

Die Repräsentanten der neuen Weltmacht hinken aber nicht etwa den Ereignissen hinterher. Nein, sie erzeugen sie gleich selbst.

Als zum Beispiel eine der großen New Yorker TV-

Stationen vor kurzem informiert wurde, daß ein religiöser Fanatiker sich aus Protest verbrennen wollte, handelte sie prompt und publikumsgerecht: Der Todeskandidat wurde unter Vertrag genommen und erhielt die Anweisung, das zuständige Nachrichtenteam abzuwarten. Gepudert, geschminkt und optimal beleuchtet konnte es schließlich losgehen:
»Kamera! Sound! Benzin! Action!«

Es gibt dennoch Wege, sich gegen die Medienherrschaft zu wehren. Man kann beispielsweise scharfe Protestbriefe an den Chefredakteur oder den Fernsehintendanten richten.
Wohlerzogene Mitbürger beginnen ihre leidenschaftlichen Proteste meistens so: »Ich bin ein treuer Leser Ihres ausgezeichneten Magazins, aber diesmal möchte ich scharf protestieren…«
Es gibt keinen Zweifel daran, daß diese Zeilen in der Rubrik »Leserbriefe« in wenigen Monaten erscheinen werden. Wenn auch in einer Kurzfassung: »Ich bin ein treuer Leser Ihres ausgezeichneten Magazins.« Punkt. Und damit hat sich's.
Die Medienintendanten allerdings sind weniger wortkarg. Sie haben einen vorprogrammierten Standardbrief für den sterblichen Zuhörer oder Zuschauer bereit: »Ihr Schreiben hat mir einige schlaflose Nächte bereitet. Unser öffentlicher Auftrag verpflichtet uns zu höchster Wachsamkeit und kompromißloser Wahrhaftigkeit. Die

Verantwortlichen werden einem strengen Disziplinarverfahren unterzogen.«
Man kann allerdings auch zu strafrechtlichen Mitteln greifen. Vorausgesetzt, daß man einen blutjungen Advokaten engagiert, der die Aussicht hat, das Prozeßende noch zu erleben. Verleumdungsprozesse sind eine Generationsfrage.
Was Wunder also, daß die Medien nichts auf der Welt fürchten.
Außer natürlich den Rückgang ihrer Gewinne aus der Werbung. Es lohnt sich daher, in Werbung zu investieren. Werbung schützt den Auftraggeber vor den Medien. Langfristige Werbung schützt ihn länger.

An dieser Stelle soll erwähnt werden, daß Oma Presse doch über gewisse berufstechnische Vorteile gegenüber den Funk-Brothers verfügt. Alle Scherereien kann sie mit der Schere lösen. Ihr droht keine Live-Sendung.
Außerdem ist die Presse im Besitz des unschlagbaren Fragezeichens.
Man spaziert nichtsahnend die Hauptstraße entlang, da springt einem von einem Zeitungsstand die riesige Schlagzeile ins Auge: »Wo verbrachte Thommy seine gestrige Nacht?« Neun von zehn Fußgängern fragen sich empört, wie lange man die Exzesse des beliebten jungen Quizmasters noch dulden sollte. Dann gehen neun von zehn Fußgängern empört weiter. Der zehnte Fußgänger kauft die Zeitung wegen des Kreuzworträt-

sels und findet auf der vorletzten Seite unten die beruhigende Antwort, daß Thomas die gestrige Nacht im engsten Familienkreis verbrachte.
Die neun empörten Fußgänger aber bleiben bei ihrer Empörung. Dagegen ist kein Kraut gewachsen, solange das Fragezeichen in der Presse nicht gesetzlich verboten wird.
Und wie sollte es in einem freien Land verboten werden? Schließlich wird man doch noch fragen dürfen, oder?

So kommen wir zum Kern der Sache. Schenkt man denn tatsächlich allem Glauben, was gedruckt oder gesendet wird?
Ja.
Erstens, weil es gedruckt und gesendet wird. Zweitens, weil es zwischen den Massenmedien und der kultivierten Gesellschaft ein stillschweigendes Abkommen gibt, daß »die Massenmedien (im weiteren ›der Lieferant‹ genannt) sich täglich verpflichten, erstklassige Skandale und Sensationen zu erfinden, während das Publikum (im weiteren ›der Konsument‹ genannt) sich bereiterklärt, dem Lieferanten alles abzunehmen und das volle Vertrauen vorzutäuschen«.
Hier darf jedoch eine positive gesellschaftliche Funktion nicht verschwiegen werden. Ein saftiger Charaktermord an einem Prominenten kann nämlich einen nationalen Orgasmus bewirken, wobei nur eine einzige Person Einwände haben kann, das Opfer selbst. Die Medien vertreten also

im Grunde die nobelsten Masseninteressen, die denjenigen des Individuums klar voranzustellen sind. Und wenn das nicht soziales Engagement ist, dann weiß ich nicht, was soziales Engagement sonst sein könnte.
Was will man denn eigentlich von den Medien?
Nichts auf der Erde, außer etwas Ruhe.
Mit einer Weltmacht soll sich keiner anlegen. Schließlich laufen alle Fäden des großen Marionettentheaters in ihren Händen zusammen. Der besonnene Bürger möge sich deshalb dem Stärkeren anschließen und möglichst schnell die Karriere eines Rundfunkkommentators, einer Gerüchteköchin oder eines Quizmasters anstreben...
Und was das wichtigste ist, um Gottes willen, nie ein Buch über dieses Thema schreiben.

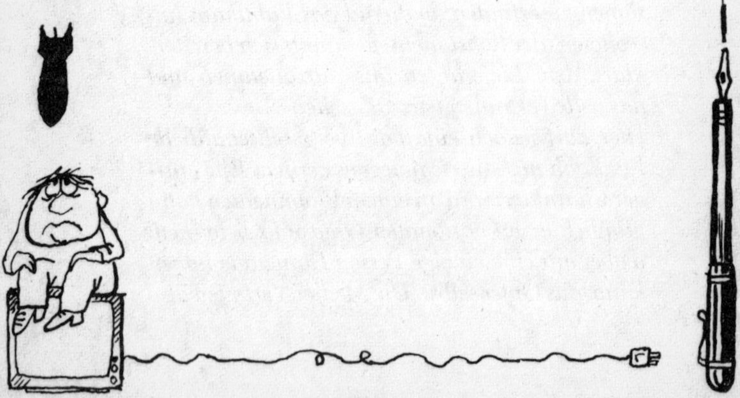

Beginnen wir unsere Expedition durch den Dschungel der Medien bei der Seniorin der Familie, der Presse. Dieser Polyp hat unzählige Fangarme: Tageszeitungen, Wochenblätter, Monatszeitschriften, Jahresjournale und die Parteiorgane, die unregelmäßig jedes Vierteljahr erscheinen.
Der Grund für diese vielfältige Lust am Veröffentlichen liegt vermutlich in der menschlichen Natur, die der Allmächtige bekanntlich nach seinem Ebenbild geformt hat. Gott, der Herr, hat zwar nur die Bibel veröffentlicht, aber seither gehört es zu den populärsten menschlichen Urtrieben, gelegentlich ein illustriertes Wochenblatt herauszugeben. Ein auflagenstarkes, aber doch seriöses Nachrichtenmagazin, in dem alles über Zuckermann kolportiert werden kann; wie er beim Schwarzgeldschmuggel erwischt wurde, und wie man ihn beim Sonnenuntergang Hand in Hand mit seinem blutjungen Buchhalter die Uferpromenade entlangschlendern sah, ein verheirateter Mann, Vater von drei Kindern, man sollte es nicht für möglich halten. Um diese ebenso wichtigen wie fesselnden Tatsachen mit der nötigen Objektivität ans Licht zu bringen, besonders wenn man ein Lebensmittelgeschäft gegenüber Zukkermanns neuem Supermarkt besitzt, dafür braucht man unbedingt ein seriöses Wochenmagazin.
Das Problem dabei ist, daß ein Wochenmagazin auch Leser braucht.

Aufstieg und Untergang »Unserer Drogisten-Welt«

Um ganz konkret zu werden, das vorhin erwähnte Wochenblatt entstand, als Herr Steiner, Besitzer des vorhin erwähnten Lebensmittelgeschäftes, einen Stock höher

stieg, um dem dort wohnhaften Journalisten Josef Goldberg folgendes mitzuteilen:
»Mein lieber Goldberg, Sie glauben doch nicht, daß ich immer mit Lebensmitteln gehandelt habe? Keine Spur! Es gab Zeiten, in denen ich ein geschätzter Mitarbeiter wichtiger Zeitschriften war, wie ›Der fortschrittliche Gemüsehändler‹, um nur eine zu nennen. Und vor wenigen Jahren habe ich mehrere Artikel für ein bekanntes Modejournal für Kinder geschrieben, die müssen Sie einmal lesen. Ja, was ich sagen wollte: Wie wär's, geben wir zusammen eine neue Wochenzeitung heraus? Eine, die anders ist als alle anderen, etwas wirklich Neues, ein Blatt, das eine Marktlücke füllt und den Publikumsgeschmack trifft. Nein, unterbrechen Sie mich nicht. Ich finanziere die Sache. Aber nur, wenn Sie mit Ihrer großen journalistischen Erfahrung die Chefredaktion übernehmen. Machen Sie sich keine Sorgen, ich werde mich nicht in Ihr Ressort mischen. Ich bin nur der Geldgeber. Und da ich ganz genau weiß, daß eine neue Zeitschrift am Anfang Geld verlieren muß, bin ich fürs erste Jahr auf ein gewisses Defizit vorbereitet. Meinetwegen auch fürs zweite. Also. Wir haben das nötige Geld und wir haben die nötige Lizenz. Machen Sie mit?«
Goldberg überlegte. Im Augenblick verdiente er 745 Pfund monatlich für Übersetzungen ins Polnische. Was hatte er zu verlieren?
»Ich nehme den Posten an«, sagte er. »Das Publikum muß informiert werden.«
Die Details der Neugründung wurden besprochen und schriftlich niedergelegt. Um die vorhandenen Wochenblätter zu übertrumpfen, würde das neue in einem Umfang von 64 großformatigen Seiten und im Vierfarbendruck erscheinen. Preis im Einzelverkauf 2 Pfund. Bei einem Absatz von 30 000 Exemplaren wären die Kosten

gedeckt, mit dem 30001. Exemplar begänne der Profit, der sich nach und nach auf 18000 bis 20000 Pfund im Monat belaufen müßte.
An dieser Stelle der Verhandlungen schlug Steiner vor, den Reingewinn 50:50 zu teilen, aber Goldberg entschied sich für ein fixes Monatsgehalt von 835 Pfund. Die Zeitschrift würde den Namen »Unsere Drogisten-Welt« führen. Eigentlich hätte sie »Unsere Welt« heißen sollen, aber Steiner hatte die Lizenz von der eingestellten Vereinspublikation der Drogisten erworben, und das Gesetz verpflichtete ihn, den Originaltitel in jede auf dieser Lizenz basierende Zeitschrift einzubeziehen.
Das neue Wochenblatt sollte leicht lesbar und unterhaltend, zugleich jedoch seriös und informativ sein. Für eine solche Publikation bestand zweifellos größter Bedarf.
Nach Unterzeichnung der Verträge in einem Anwaltsbüro machte sich Goldberg unverzüglich an die Zusammenstellung seines Redaktionsstabs. Er engagierte in einem nahe gelegenen Kaffeehaus elf ständige Redakteure und sieben Korrespondenten, von denen drei an Ort und Stelle zu Auslandskorrespondenten befördert und sofort nach Europa geschickt wurden. Hinzu kamen fünf Fotografen, zwei Botenjungen sowie eine rotblonde und eine grauhaarige Sekretärin. Sie alle bezogen ihre Arbeitsplätze in Steiners Wohnung.
Nach einmonatiger Vorbereitungszeit war die erste Ausgabe fertig. Auf dem Titelblatt sah man einige Kleinkinder im Sand spielen, Bildunterschrift: »Es wächst eine glückliche neue Generation heran.« Daneben machten rotgedruckte Titel auf die Beiträge im Innern des Blattes neugierig: »Teneriffa, die geheime Touristenattraktion (mit Farbfotos)«, »Naive Kunst aus Malta«, »Sport ist gesund!« und »Die Welt des Theaters« von J. Goldberg.

Weitere Ankündigungen verhießen dem Leser eine Rundfunk- und Fernseh-Rubrik, Chefredakteur Goldbergs regelmäßige Kolumne »Jetzt rede ich«, ausführliche Sportberichte, Kreuzworträtsel, eine reichhaltige Literatur-Seite, eine Wirtschaftsbeilage »Schwarzgeldschmuggler leben unter uns«, sowie das erste Kapitel des Fortsetzungsromans »Die Liebe einer Krankenschwester« von Martha Goldberg. Überdies startete »Unsere Drogisten-Welt« ein Preisausschreiben für die beste Kurzgeschichte und das schönste Hundefoto sowie eine großzügige, mit Preisen bedachte Abonnenten-Werbung und lud ihre Leser ein, Zuschriften an die Redaktion zu richten: »Ihr Wochenblatt – für Sie gegründet – für Sie gedruckt – für Sie redigiert – jede Woche für Sie – Jetzt!«

Die erste Ausgabe begegnete unleugbar einer gewissen Resonanz im Publikum. Herr Steiner hörte aus glaubhafter Quelle, daß man dem Verkäufer in den Vororten die ersten Exemplare buchstäblich aus der Hand gerissen hätte, und Goldberg brachte dank seiner guten Verbindungen eine Notiz im Organ der Drogisten-Gewerkschaft unter: »Mit dem Titel ›Unsere Drogisten-Welt‹ erschien soeben eine neue Zeitschrift, die an allen üblichen Verkaufsstellen erhältlich ist.« Laut Goldberg bedeutete das soviel wie einen offiziellen Segen für das neue Unternehmen und den Verkauf von mindestens 5000 Exemplaren. Bedenklich war, daß keine Hundefotos kamen und daß für das Preisausschreiben nur eine einzige Kurzgeschichte von Oscar Wilde eintraf, die er unter dem Pseudonym »Oskar Friedmann« eingesandt hatte. Die Auslieferung erklärte auf Fragen nach den Bestellungen, daß es noch zu früh wäre, sich ein Urteil zu bilden, aber aus dem Ausland wären einige ermutigende Reaktionen gekommen.

Als Steiner die ersten Anzeichen von Nervosität bekundete, weil der erhoffte Profit auf sich warten ließ, wurde er von Goldberg daran erinnert, daß er auf ein ein- bis zweijähriges Defizit vorbereitet gewesen sei. Zugegeben, antwortete Steiner, aber es müsse ja nicht alles, worauf man vorbereitet sei, unbedingt eintreffen. Er beschloß, in die redaktionelle Gestaltung des Blattes persönlich einzugreifen und für ein höheres Niveau zu sorgen. Denn wenn die erste Nummer nicht richtig eingeschlagen hatte, so konnte das nur daran liegen, daß sie nicht seriös genug war.

Infolgedessen trug die zweite Nummer auf dem Titelblatt ein Porträt des Ministerpräsidenten mit der Unterschrift: »Unser Ministerpräsident.« Die Nummer enthielt ferner eine medizinische Seite, ein unveröffentlichtes Sonett von W. Shakespeare, eine Ballade der bedeutenden Lyrikerin Rosa Steiner, eine erkleckliche Anzahl von Leserbriefen mit Antworten von »Tante Sibylle« (Steiners Pseudonym) sowie die Rubrik »Wohin am Nachmittag?« Zu den technischen Veränderungen, die Steiner vornahm, gehörte die Kündigung von 14 Korrespondenten, 5 Fotografen, 2 Botenjungen und einer grauhaarigen Sekretärin. Statt dessen engagierte er einen Anwalt, der die Klagen auf Vertragsbruch vertrat. Die Anzahl der Illustrationen wurde reduziert, und einige Fotos aus der ersten Nummer wurden mit anderen Unterschriften nachgedruckt.

Obwohl die Verkäufer der zweiten Nummer mit großen Plakaten:

»HALT! ENDLICH DA! DIE NEUE NUMMER UNSERER DROGISTEN-WELT!«

ausgerüstet waren, wollte sich der Vertrieb auf keine Auskünfte festlegen. Steiner strich inkognito um einen Zeitungskiosk herum, um den Absatz seines Wochenblatts zu beobachten. Als nach sechs Stunden noch kein Exemplar verlangt worden war, gab er auf und erkundigte sich in einigen Buch- und Zeitschriftenläden nach dem Verkauf der »Drogisten-Welt«. Die Ladeninhaber waren überrascht, von der Existenz dieser Zeitschrift zu hören. Steiner begann ernsthaft zu zweifeln, daß er die Verkaufsziffer von 30000 Exemplaren jemals erreichen würde, eilte nach Hause und entließ den restlichen Redaktionsstab mit Ausnahme Goldbergs, der bereits vierzehn Monatsgehälter im voraus bezogen hatte.

Steiner unternahm einen letzten verzweifelten Versuch, sein Geld zurückzubekommen: Die dritte Nummer erschien nur noch in einem Umfang von 18 Seiten und im Zweifarbendruck. Auf dem Titelblatt sah man eine nackte Negerin mit Strapsen und die Ankündigung folgender Beiträge: »Das Märchen von der Potenz der Gastarbeiter«, »Geständnisse einer lesbischen Nekrophilen«, »Verhindert die Pille den Orgasmus?«, »Die sexuelle Ausbeutung von bisexuellen Angestellten« (Tatsachenbericht eines vergewaltigten jungen Buchhalters). Die Fotos wurden von einer pornographischen Filmfirma gegen zehn doppelseitige Gratisinserate bereitgestellt.

Die vom Vertrieb gemeldeten Absatzziffern besagten, daß von der ersten Nummer 84 Exemplare und von der zweiten Nummer 17 Exemplare verkauft worden waren. Nummer 3 erbrachte ein rätselhaftes Phänomen: Die Vertriebsstelle remittierte um ein Exemplar mehr, als sie bezogen hatte.

Steiner schwor, sich an Goldberg, dem wahren Urheber dieses katastrophalen Verlustgeschäfts, fürchterlich zu rächen. Goldberg übersiedelte in den Süden. Die Lizenz der »Drogisten-Welt« wurde an einen gutsituierten Internisten verkauft. Er hat die Absicht, eine

neue Wochenzeitung herauszugeben, die anders ist als alle anderen und wirklich seriös und objektiv.
Vor kurzem hat seiner Praxis gegenüber eine große Privatklinik eröffnet.

Bevor ich mich beruflich mit der Presse liierte, hatte bereits eine erste spektakuläre Begegnung stattgefunden. Das geschah im Rahmen einer der meistgelesenen Zeitungskolumnen: »Aus dem Gerichtssaal«.
Bei dieser Gelegenheit erfuhr ich zum ersten Mal, daß es leichter ist gegen den Wind zu spucken als gegen eine dreispaltige Schlagzeile.
Das juristische Ereignis selbst verewigte ich im Stil von Franz Kafka, da ich mich während des Prozesses wie eine seiner literarischen Figuren fühlte. Vielleicht ist es kein Zufall, daß auch mein Name mit K. beginnt.

Todesursache: Schlagzeile

In der letzten Zeit mußte mein Freundeskreis wiederholt feststellen, daß ich fehlte. Ich fehlte nicht ohne Grund. Ich war in eine gerichtliche Angelegenheit verwickelt, die einen Verkehrsunfall mit tödlichem Ausgang verhandelte und die mich zweifeln läßt, ob ich jemals wieder erhobenen Hauptes und offenen Blicks

vor das Angesicht meiner ehrlichen, gesetzestreuen Mitbürger treten darf.
Der Verkehrsunfall, dessen Zeuge ich geworden war, hatte sich um die Mittagszeit auf einer Autostraße ereignet, und zwar stieß eine Regierungslimousine mit einem Radfahrer zusammen, der den Unfall nicht überlebte. Die Limousine hatte ein rotes Licht überfahren, benützte eine Einbahnstraße in falscher Richtung und wurde von einem erwiesenermaßen Volltrunkenen gesteuert. Ich war der einzige Zeuge und hatte zugesagt, bei der Gerichtsverhandlung zu erscheinen und auszusagen, die Wahrheit und nichts als die Wahrheit.
Der Gerichtssaal war mit einigen gesetzestreuen Bürgern und einer Menge Gerichtsreportern dicht gefüllt. Es hatte sich herumgesprochen, daß der Fahrer der Limousine eine bekannte Persönlichkeit war, die im Scheinwerferlicht der Öffentlichkeit stand, wenn auch in keinem vorteilhaften. Da die Persönlichkeit nicht unvermögend war, hatte sie als Verteidiger einen der führenden Anwälte des Landes engagiert, der sich sorgfältig auf die Verhandlung vorbereitet hatte. Wie sorgfältig, sollte ich bald zu spüren bekommen.
Als einziger Augenzeuge wurde ich gleich zu Beginn der Verhandlung einvernommen und nach Beantwortung der üblichen Fragen dem Verteidiger ausgeliefert. Er erhob sich und informierte den Gerichtshof in kurzen, präzisen Worten von seiner Absicht, mich als einen unverantwortlichen Lügner und kriminellen Charakter zu entlarven, dessen Aussagen keinerlei Anspruch auf Glaubwürdigkeit besäßen. Dann begann er mit meinem Kreuzverhör, das ungefähr folgenden Verlauf nahm:
Verteidiger: »Herr Kishon, ist es wahr, daß Sie im Jahre 1951 wegen eines bewaffneten Raubüberfalls von der Interpol gesucht wurden?«
Ich: »Das ist nicht wahr.«

Verteidiger: »Wollen Sie damit sagen, daß es kein bewaffneter Raubüberfall war, weswegen Sie von der Interpol gesucht wurden?«
Ich: »Ich will damit sagen, daß ich überhaupt nicht gesucht wurde. Warum hätte ich plötzlich von der Interpol gesucht werden sollen?«
Verteidiger: »Wenn es also nicht die Interpol war – von welcher Polizei wurden Sie dann gesucht?«
Ich: »Ich wurde überhaupt nicht gesucht.«
Verteidiger: »Warum nicht?«
Ich: »Wie soll ich das wissen?«
Das war ein Fehler, ich merkte es sofort. Meine Antwort hätte lauten müssen: »Ich wurde von keiner wie immer gearteten Polizei der Welt jemals gesucht, weil ich mich nie im Leben gegen ein Gesetz vergangen habe.« Offenbar hatten mir die Nerven versagt. Nicht nur die große, angespannt lauschende Zuschauermenge machte mich nervös, sondern mehr noch die zahlreichen Pressefotografen und Reporter, die schon während meiner Aussage zu den Telefonen stürzten, um ihre Zeitungen über jedes von mir gesprochene Wort zu unterrichten.
Der Verteidiger wechselte ein paar leise Worte mit seinem Mandanten und setzte das Kreuzverhör fort.
Verteidiger: »Trifft es zu, daß Sie wegen Verführung einer Minderjährigen zu einer Gefängnisstrafe von zwei Jahren und acht Monaten verurteilt wurden?«
Ich: »Nein, das trifft nicht zu.«
Verteidiger: »Nicht? Zu welcher Strafe wurden Sie wegen Verführung einer Minderjährigen verurteilt?«
Ich: »Ich wurde wegen Verführung einer Minderjährigen weder verurteilt noch angeklagt.«
Verteidiger: »Sondern? Was für eine Anklage war es, die zu Ihrer Verurteilung geführt hat?«
Ich: »Es gab keine Anklage.«

Verteidiger: »Wollen Sie behaupten, Herr Kishon, daß man in unserem Land zu Gefängnisstrafen verurteilt werden kann, ohne daß es eine Anklage gibt?«
Ich: »Ich war nie im Gefängnis.«
Verteidiger: »Ich habe nicht gesagt, daß Sie im Gefängnis waren. Ich habe nur gesagt, daß Sie zu einer Gefängnisstrafe verurteilt wurden. Verdrehen Sie mir nicht das Wort im Mund, Kishon. Antworten Sie mit Ja oder Nein.«
Ich: »Ich wurde nie zu einer Gefängnisstrafe verurteilt und bin nie im Gefängnis gesessen.«
Verteidiger: »Dann sagen Sie mir doch bitte, welches Urteil gegen Sie wegen Verführung einer Minderjährigen gefällt wurde!«
Ich: »Es wurde überhaupt kein Urteil gefällt.«
Verteidiger: »Warum nicht?«
Ich: »Was heißt das: warum nicht? Weil es keinen solchen Prozeß gegen mich gegeben hat!«
Verteidiger: »Was für einen Prozeß hat es denn sonst gegeben?«
Ich: »Wie soll ich das wissen?«
Abermals hatte er mich erwischt. Kein Wunder. Ich war gekommen, um über einen Verkehrsunfall auszusagen, und statt dessen überrumpelte man mich mit unmöglichen autobiographischen Fragen. Zudem irritierte mich die feindselige Haltung der Zuschauer immer mehr. Ununterbrochen flüsterten sie miteinander, stießen sich gegenseitig an, deuteten auf Bekannte und verzogen ihre Gesichter zu sarkastischem Grinsen. Bald verstand ich warum.
Am Beginn der fünften Stunde meines Kreuzverhörs schlich sich nämlich ein Zeitungsverkäufer in den Saal ein und erzielte reißenden Absatz mit einer Spätausgabe der »Abendzeitung«. Die Schlagzeile lautete: KISHON VERFÜHRT MINDERJÄHRIGE. Darunter, in be-

deutend kleinerer Type: BESTREITET ALLES: »ICH WURDE NIE ANGEKLAGT«. VERHÖR DAUERT AN.
Mir zitterten die Knie, als ich das las, und der Gedanke an meine arme Frau verursachte mir große Sorge. Meine Frau verfügt über eine Reihe vortrefflicher Eigenschaften, aber ihr geistiger Zuschnitt ist eher simpel, und da sie den Unterschied zwischen »Gerichtshof« und »Rechtsanwalt« vielleicht nicht ganz genau verstanden hat, wird sie der »Abendzeitung« glauben, daß all diese absurden Anschuldigungen vom Gericht erhoben wurden und nicht vom Anwalt des Angeklagten ...
Aber was half's. Der Verteidiger wechselte einige geflüsterte Worte mit zwei betagten Gerichtsreporterinnen und wandte sich wieder mir zu.
Verteidiger: »Stimmt es, daß Ihre erste Frau sich von Ihnen scheiden ließ, nachdem Sie aus einer Irrenanstalt entsprungen waren, und daß sie die Hilfe der Polizei in Anspruch nehmen mußte, um wieder in den Besitz der von Ihnen verpfändeten Schmuckstücke zu gelangen?«
Der Vorsitzende machte mich darauf aufmerksam, daß ich Fragen über meinen Ehestand nicht beantworten müsse. Nach einigem Nachdenken beschloß ich, von dieser Möglichkeit Gebrauch zu machen, um so mehr, als meine Frau sich von mir niemals scheiden ließ und mir in treuer ehelicher Liebe zugetan ist. Leider war die Animosität des Publikums durch die Spätausgabe der »Abendzeitung« noch weiter gesteigert worden, und eine Dame mit Brille, die in der ersten Reihe saß, spuckte mir sogar ins Gesicht. Ich aber trotzte allen Angriffen und verweigerte auch die Antwort auf die nächsten Fragen des gegnerischen Anwalts: ob es zuträfe, daß ich im Jahre 1948 vom Militär desertiert sei? Und ob ich meine kleine Tochter mit Stricken oder mit einer Kette ans Bett zu fesseln pflege?
An dieser Stelle kam es zu einem bedauerlichen Zwi-

schenfall. Der Vorwurf der Kindesmißhandlung erregte einen Automechaniker im Zuschauerraum so sehr, daß er unter wilden Flüchen aufsprang und nur mit Mühe daran gehindert werden konnte, sich auf mich zu stürzen. Der Vorsitzende ließ ihn aus dem Saal entfernen, womit die Würde des Gerichts wieder hergestellt war. Für mich indessen wirkte sich das alles höchst nachteilig aus, und als ich in der Hand des Verteidigers die lange Liste der Fragen sah, die er noch an mich zu richten plante, erlitt ich einen Nervenzusammenbruch. Mit schluchzender Stimme rief ich aus, daß ich ein Geständnis abzulegen wünsche: Ich, nur ich und niemand als ich hätte den Radfahrer überfahren.

Der Vorsitzende belehrte mich, daß ich bis auf weiteres nur als Zeuge hier stünde, und das Kreuzverhör nahm seinen Fortgang.

Verteidiger: »Trifft es zu, Herr Kishon, daß Sie zum Lohn für eine ähnliche... hm... Zeugenaussage in Sachen eines Verkehrsunfalls, der sich im Dezember vorigen Jahres zutrug, von einem der reichsten Importeure des Landes mit drei kostbaren Perserteppichen beschenkt wurden?«

Ich: »Nein.«

Verteidiger: »Heißt das, daß Sie keine Teppiche in Ihrer Wohnung haben?«

Ich: »Doch, ich habe Teppiche in meiner Wohnung.«

Verteidiger: »Heimische oder ausländische?«

Ich: »Ausländische.«

Verteidiger: »Und wie viele?«

Ich: »In jedem Zimmer einen.«

Verteidiger: »Wie viele Zimmer hat Ihre Wohnung, Herr Kishon?«

Ich: »Drei.«

Verteidiger: »Danke. Ich habe keine weiteren Fragen.«

Mit selbstgefälliger Grandezza begab sich der Verteidi-

ger auf seinen Platz. Im Publikum brach ein Beifallssturm los. Der Vorsitzende drohte mit der Räumung des Saales, meinte das jedoch nicht ganz ernst. Im gleichen Augenblick erschien der Zeitungsverkäufer mit einer späteren Spätausgabe. Auf der Titelseite sah ich mein offenbar während des Verhörs gezeichnetes Porträt, ein Foto von einem Stapel persischer Teppiche mit dem Bild des seligen Ayatollah Khomeini in der Ecke. Dazu in balkendicken Lettern die Überschrift: TEPPICHSKANDAL IM GERICHT AUFGEROLLT – KISHON: »BESITZE PERSISCHE TEPPICHE, NICHT VOM IMPORTEUR!« – GEGENANWALT: »INFAMER LÜGNER!«
Ich bat, mich entfernen zu dürfen, aber der Staatsanwalt hatte noch einige Fragen. Sie betrafen, zu meiner nicht geringen Überraschung, den Verkehrsunfall. Der Staatsanwalt fragte, ob der Beklagte meiner Meinung nach rücksichtslos gefahren sei. Ich bejahte und wurde entlassen. Ein Gerichtsdiener schmuggelte mich durch einen Seiteneingang hinaus, um mich vor den Fernsehkameras und der wütenden Menge zu schützen, die sich nach Erscheinen der zweiten Spätausgabe zusammengerottet hatte und mich lynchen wollte.
Seither lebe ich, wie schon eingangs angedeutet, äußerst zurückgezogen und gehe nur selten aus. Ich warte, bis genügend Zeit verstrichen ist und die Schlagzeilen in Vergessenheit geraten sind.

Es heißt, daß Zorn ein schlechter Ratgeber sei. In einem Fall zumindest irrte das Sprichwort. Mich hat ein rechtzeitiger Wutanfall wider Willen zum Journalisten gemacht.

Die grenzenlose Macht der Feder

Letztendlich ist alles auf mein Gefühl der unheilbaren Hilflosigkeit zurückzuführen, das mich vor allen amtlichen Pulten, Schaltern, Schiebefenstern und dergleichen überkommt. Wann immer ich einem Vertreter staatlicher Autorität gegenüberstehe, werde ich von wilden Zweifeln an meiner Existenz gepackt und reduziere mich auf den Status eines geistig zurückgebliebenen Kindes, das nicht nur kurzsichtig ist, sondern auch stottert.

Eines Tages jedoch...

Eines Tages betrat ich das Postamt, um ein Paket abzuholen. Der Beamte saß hinter den Gitterstäben seines Schalters und spitzte Bleistifte. Es gibt, wie man weiß, viele Arten, Bleistifte zu spitzen: mit einem der eigens dafür hergestellten Bleistiftspitzer oder mit einer dieser durch Handkurbel betriebenen Spitzmaschinen, die man an der Wand befestigen kann, oder mit einer Rasierklinge. Der Beamte, vor dem ich stand, verwendete ein antikes Taschenmesser, dessen eigentliche Bestimmung irgendwann einmal das edle Schnitzhandwerk gewesen sein muß. Er leistete harte Arbeit. Jedesmal, wenn er einen festen Ansatzpunkt für die Klinge gefunden hatte, rutschte sie ab. Wenn sie ausnahmsweise einmal nicht abrutschte, riß sie große Keile Holz aus dem Bleistift. Manchmal nahm sie auch etwas Mine mit.

Lange Zeit sah ich ihm still und aufmerksam zu. Ich ließ

meine stürmische Jugend vor meinem geistigen Auge Revue passieren, überlegte und entschied einige brennende politische Probleme, dachte auch über Fragen des Haushalts nach und erinnerte mich dabei, daß der undichte Wasserhahn in unserem Badezimmer noch immer nicht repariert war. Da ich ein pedantischer Mensch bin, zog ich Notizbuch und Bleistift hervor und notierte das Stichwort »Installateur«, mit einem Rufzeichen dahinter.

Und dann geschah es.

Der bleistiftspitzende Beamte hörte mit dem Bleistiftspitzen auf und fragte:

»Darf ich fragen, was Sie da aufgeschrieben haben?« Er fragte das keineswegs hämisch, sondern höflich.

»Ich habe mir eine Notiz gemacht«, antwortete ich tapfer. »Darf man das nicht?«

»Sind Sie etwa Journalist?«

In diesem historischen Augenblick ging mir ein Licht auf. Ich lächelte sarkastisch:

»Und ob!«

Der gesamte Bleistiftvorrat des Beamten verschwand mit einem Hui in seiner Lade. Er selbst, der Beamte, setzte ein Lächeln auf, das mir nicht ganz frei von einer leisen Nervosität schien:

»Entschuldigen Sie bitte, daß ich nicht sofort zu Ihrer Verfügung war. Was kann ich für Sie tun?«

Er wurde immer höflicher, erledigte mein Anliegen aufs liebenswürdigste, entschuldigte sich nochmals, daß er mich hatte warten lassen, und bat mich, meinem Chefredakteur und meiner Gemahlin seine besten Empfehlungen zu überbringen.

Und das alles, weil ich – offenbar im richtigen Augenblick und mit dem richtigen Gesichtsausdruck – etwas in mein Notizbuch geschrieben hatte.

Kein Zweifel: ich war einem der bedeutendsten Geheimnisse der Massenmedien auf die Spur gekommen. Ein zweckmäßig verwendetes Notizbuch wirkt Wunder. Die Menschen im allgemeinen, und die vom Staat beamteten erst recht, stehen allem Geschriebenen, dessen Inhalt sie nicht kennen, mit Mißbehagen und Angstgefühlen gegenüber. »Verba volant, scripta manent«, das wußten schon die alten Römer. Gesprochenes verfliegt, Presseskandale bleiben.

Seit damals mache ich Notizen, wann immer sich die Gelegenheit bietet. Vor einigen Tagen ging ich in ein Schuhgeschäft und wurde bis Einbruch der Dämmerung nicht bedient. Ich zückte das Notizbuch, zückte meinen Bleistift, zählte bis zehn und trug einen Satz ein, der sich mir aus einem Übungsbuch des Französischen unvergeßlich eingeprägt hat: »Das Loch in der Tasche meines Bruders ist größer als der Garten meines Onkels.«

Es wirkte. Der Besitzer hatte mich gesehen und näherte sich ebenso bleich wie devot, um mich zu bedienen. Nicht einmal Polizisten vermögen den geheimen Kräften meines Zauberbuchs zu widerstehen. Alltäglich, zur Stunde der Strafzettelverteilung an parkenden Autos, lauere ich im Hintergrund, trete im geeigneten Augenblick hervor, und trage aufs Geratewohl ein paar Worte in mein Büchlein ein. Schon schmilzt das Auge des Gesetzes, entkrampft sich seine offizielle Haltung, er schimpft nicht, er schreit nicht, er flötet:

»Also gut, noch dieses eine Mal...«

Wenn mich nicht alles täuscht, nennt man das »Die Macht der Feder«.

Kurz und gut, so wurde ich Journalist.

Unter uns gefragt: »Was hat ein Humorist im Journalismus zu suchen?«

Allen Nachschlagewerken zufolge ist die Presse ein wahrheitsgetreuer und ernstzunehmender Spiegel der aktuellen Ereignisse.

Der Humor ist das totale Gegenteil: ein Zerrspiegel fiktiver Ereignisse, die niemand ernst nimmt. Außer dem Humoristen.

Die Geschichte einer schamlosen Eigenwerbung

Der Chefredakteur des beliebten Wochenmagazins »Die glückliche Familie« bestellte den Leiter der Literatur- und Sportrubrik zu sich.

»Ziegler«, sagte er, »unser beliebtes Wochenmagazin wird immer langweiliger. Wenn das so weitergeht, verkauft man es demnächst in den Apotheken als Schlafmittel. Haben Sie einen zwanzig Zeilen langen Witz auf Lager?«

»Jawohl«, antwortete Ziegler und brach in einen vorsorglichen Lachkrampf aus. »Zufällig habe ich gestern abend eine zum Brüllen komische Geschichte gehört. Der Buchhalter Zungspitz kommt zum Chef und sagt: ›Herr Chef, ich möchte zum Begräbnis meiner Schwiegermutter gehen.‹ Sagt der Chef: ›Wissen Sie was, Zungspitz? Ich auch!‹ Sie verstehen. Auch der Chef möchte seine Schwiegermutter gerne begraben. Köstlich, was?«

»Eine alte, idiotische Geschichte. Außerdem haben wir sie schon mindestens zweimal gebracht. Allerdings ... man könnte sie vielleicht einer bekannten Persönlichkeit zuschreiben. Einem Künstler, einem Schauspieler, einem Schriftsteller oder etwas Ähnlichem. Halt. Da

fällt mir ein, daß Tola'at Sha'ani erst vorgestern mit seinem Stück erbärmlich durchgefallen ist...«
»Aber der wird sich doch ärgern, wenn wir ihm jetzt diese Geschichte anhängen!«
»Ärgern? Wir bringen ja seinen Namen ins Gespräch! Wir machen Reklame für ihn! Sie als Literaturredakteur sollten wissen, wie eitel dieses Literatenpack ist.«

In der nächsten Ausgabe des beliebten Wochenmagazins »Die glückliche Familie« stand in der beliebten Rubrik »Leute, Launen, Lacher« folgende Geschichte:

Jizchak Tola'at Sha'ani, der vielversprechende Dramatiker, stellte unter Beweis, daß sein Humor durch die erfolglose Premiere seines jüngsten Bühnenwerks nicht beeinträchtigt wurde. Als er am nächsten Tag, wie es seine alte journalistische Gewohnheit ist, in der Halle des Parlamentsgebäudes auf Neuigkeiten wartete, trat der Fahrer seines draußen wartenden Autos auf ihn zu.
»Herr Tola'at Sha'ani, ich möchte zum Begräbnis meiner Schwiegermutter gehen.«
Prompt erfolgte die schlagfertige Antwort:
»Wissen Sie was, Zungspitz? Ich auch.«
Die Umstehenden, darunter einige prominente Politiker der Koalition, quittierten die geistreiche Bemerkung mit lautem, anhaltendem Gelächter.

Der Schriftsteller Tola'at Sha'ani gehörte nicht zu den ständigen Lesern des beliebten Wochenmagazins »Die glückliche Familie«. Infolgedessen blieb ihm tagelang unklar, warum seine Bekannten ihm auf der Straße in weitem Bogen auswichen. Ein Brief seiner Schwiegermutter, mit russischen Schmähungen gespickt, klärte ihn auf. »Du häßliche Kröte«, hieß es da unter anderem, »daß Du keinen Respekt vor der Mutter Deines Ehe-

weibs hast, wußte ich sowieso. Aber daß Du mich auch noch in aller Öffentlichkeit lächerlich machst – das hätte ich nicht einmal Dir zugetraut, Du Mißgeburt.«
Man kann sich denken, daß Tola'at Sha'ani alles daransetzte, um den blamablen Eindruck seines dummen Witzes, der in Wahrheit gar nicht der seine war, zu verwischen. In seinem Stammcafé ging er von einem Tisch zum andern, schwor Stein und Bein, daß er den zitierten Ausspruch niemals getan hätte, daß ihm nichts ferner läge, als in der Parlamentshalle herumzulungern, daß er keinen Wagen besäße, geschweige denn einen Fahrer, und daß er keinen Menschen namens Zungspitz kenne. Es half nichts. Niemand glaubte ihm. Wo es Rauch gibt, muß es bekanntlich auch Feuer geben. An der Geschichte wird schon etwas dran sein. Sonst hätte ein so seriöses Wochenmagazin wie »Die glückliche Familie« sie nicht gedruckt.
Besonders erzürnt war man über das Raffinement, mit dem Tola'at Sha'ani – auf dessen Betreiben der Abdruck zweifellos zurückging – prominente Politiker in seine läppische Geschichte einbezogen hatte. Und womöglich noch größerer Zorn richtete sich gegen den Chefredakteur, der – sei's aus Schwäche, sei's aus Korruption – der unverschämten Reklamesucht dieses Schreiberlings Vorschub geleistet hatte.
Tola'at Sha'ani tat, was Ehre und Redlichkeit ihm zu tun geboten: er suchte einen Rechtsanwalt auf.
»Lesen Sie!« sagte er und übergab Dr. Shai-Shonberger die betreffende Ausgabe des Wochenmagazins »Die glückliche Familie«. Der Rechtsanwalt las und brach in dröhnendes Gelächter aus:
»Ausgezeichnet! Ich wußte gar nicht, daß Sie so witzig sind!«
»Herr«, antwortete Tola'at Sha'ani, ein im übrigen eher ernsthafter und trockener Mann, »ich respektiere meine

Schwiegermutter und würde sie niemals wissentlich kränken.«

»Nicht? Warum machen Sie dann so blöde Witze?«

Nachdem Tola'at Sha'ani seinem Anwalt die Situation erklärt hatte, riet dieser ihm zu einer Verleumdungsklage, gab jedoch zu bedenken, daß in solchen Prozessen der Kläger am Ende meistens der Verlierer sei, weil die Richter in der Zwischenzeit vergessen, um was es sich überhaupt handelt. Deshalb empfahl Dr. Shai-Shonberger, an den Chefredakteur der »Glücklichen Familie« einen scharf gehaltenen Brief zu richten:

»... Mit Empörung las ich in Ihrem Blatt die alte, abgestandene Anekdote, die Sie ohne mein Wissen und ohne meine Erlaubnis mir zugeschrieben haben. Ich fordere Sie hiermit zu einer unverzüglichen moralischen Wiedergutmachung auf, und zwar sowohl für mich wie für meine Schwiegermutter, die sich der besten Gesundheit erfreut und zu der wir beide, meine Frau und ich, im denkbar harmonischsten Familienverhältnis stehen. Ich fordere Sie ferner auf, in der nächsten Ausgabe Ihres Blattes eine entsprechende Entschuldigung zu veröffentlichen. Andernfalls würde ich mich genötigt sehen ...«

»Da haben Sie ja etwas Schönes angerichtet, Ziegler«, begann der Chefredakteur mit übertrieben vorwurfsvoller Stimme. »Tola'at Sha'ani verlangt eine Entschuldigung von mir.«

Ziegler begann zu stottern:

»Ich habe Ihnen ja gesagt, daß er sich ärgern wird.«

»Ärgern? Was reden Sie?« Die jahrzehntelange Berufserfahrung des Chefredakteurs kam vollends zum Durchbruch. »Er ist außer sich vor Freude, der schäbige Publicityjäger! Merken Sie denn nicht, daß es ihm auf nichts anderes ankommt? Aber so sind diese Literaten. Man verschafft ihnen ein wenig Reklame – schon kommen sie gerannt und wollen noch mehr! Ganz gleich, was man über sie schreibt und wie man schreibt. Hauptsache, ihr Name wird genannt.«

»Diese verlogene Bande!« bestätigte Ziegler.

»Ganz richtig. Aber so sind die nun einmal. Ich werde also eine Art Entschuldigung schreiben, am besten einen fingierten Brief im Namen Tola'at Sha'anis. Den hätte er eigentlich selbst schreiben können, der Patzer. Na schön. Bringen Sie mir das ›Schatzkästlein des Humors 1929‹, Ziegler.«

In einer dunklen Ecke seines Stammcafés saß Tola'at Sha'ani und hielt die jüngste Ausgabe der »glücklichen Familie« in Händen. Dieselben zitterten. Denn er las folgendes:

Als treuer Leser Ihres ausgezeichneten Magazins möchte ich Sie wissen lassen, mit welchem Vergnügen ich die köstliche Anekdote über meine Schwiegermutter gelesen habe. Herzlichen Glückwunsch. Aus Gründen der Fairness muß ich mich allerdings bei Ihnen entschuldigen. Ich bin leider nicht der Urheber der außerordentlich witzigen Bemerkung, die Sie mir zuschreiben. Wie sollte ich auch im Zusammenhang mit meiner Schwiegermutter an ein Begräbnis denken? Sie ist, Gottlob, gesund wie ein Pferd. Außerdem kocht sie mir immer meine Lieblingsspeisen. In diesem Zusammenhang darf ich Ihnen, hochverehrter Herr Chefredakteur, eine kleine Geschichte erzählen, die sich vor kurzem bei uns ereignet hat. In einer Tierhandlung, an der ich zufällig vorbeikam, erregte ein großer, wunderschöner Papagei meine Aufmerksamkeit. Nach Auskunft des Ladenbesitzers war er hervorragend abgerichtet und konnte Sätze in sieben Sprachen sprechen. Ich entschloß mich, den kostbaren Vogel zu kaufen, und ließ ihn in unser Haus bringen. Unglücklicherweise erwartete

meine Frau zur gleichen Zeit ein Brathuhn, das sie bei unserem Geflügelhändler fürs Abendessen bestellt hatte. Das Verhängnis nahm seinen Lauf, und der Papagei beendete sein Leben im Kochtopf meiner Schwiegermutter. Als ich am Abend den fatalen Irrtum entdeckte, konnte ich mich nicht zurückhalten und rief meiner Schwiegermutter zu:
»Was ist dir eingefallen, den Papagei zu braten? Der Vogel hat mich ein Vermögen gekostet. Er konnte sieben Sprachen sprechen!«
»So? Warum hat er kein Wort gesagt?« antwortete meine Schwiegermutter.
Ich hoffe, daß diese kleine Geschichte Ihren Lesern ein wenig Freude machen wird, und bin in aufrichtiger Verehrung

Ihr ergebener
Jizchak Tola'at Sha'ani

Das Personal und die Gäste des Kaffeehauses beobachteten fasziniert, wie der vielversprechende Dramatiker das beliebte Wochenmagazin auf den Boden schmetterte und mit beiden Füßen darauf herumzutrampeln begann, das Antlitz wutverzerrt, Schaum vor den Lippen. Diejenigen unter den Zuschauern, denen die jüngste Ausgabe der »Glücklichen Familie« schon bekannt war, fühlten jedoch keinerlei Mitleid mit dem Wütenden. Sie fanden die Geschichte vom Papagei womöglich noch älter und abgestandener als den ebenso geschmacklosen Schwiegermutterwitz. Wirklich, diesem von Ehrgeiz zerfressenen Möchtegern war kein Mittel zu billig, um für sich Reklame zu machen...
Zu Hause angelangt, entdeckte Tola'at Sha'ani einen Zettel, auf dem seine Frau ihm mitteilte, daß sie zu ihrer Mutti zurückgekehrt sei, weil sie nicht länger mit einem Wahnsinnigen leben wolle.

In den Nachbarwohnungen hörte man deutlich die Geräusche der Axthiebe, mit denen Tola'at Sha'ani das Mobiliar seines Heims zertrümmerte. Aber niemand schritt ein. Nach den jüngsten Veröffentlichungen zu schließen, war es um den Geisteszustand des Wohnungsinhabers ohnehin schlecht bestellt, und man mußte Vorsicht walten lassen.

Nachdem Tola'at Sha'ani seine Wohnung demoliert hatte, ergriff er ein rostiges Küchenmesser, stürmte zum Redaktionsgebäude der »Glücklichen Familie« und drang brüllend in das Büro des Chefredakteurs ein:

»Hund! Bastard! Schurke! So sieht Ihre Entschuldigung aus?!«

»*Meine* Entschuldigung?« Der Chefredakteur blieb ruhig sitzen. »Sie belieben zu scherzen, junger Mann. *Ich* soll mich für die kostenlose Reklame entschuldigen, um die Sie mich unausgesetzt anbetteln? Statt daß Sie mir dankbar sind für die witzsprühende Glosse, die ich aus dem trostlosen Geschreibsel Ihres Briefes gemacht habe? Sind Sie verrückt?« Die Stimme des Chefredakteurs wurde drohend. »Und tun Sie endlich das Messer weg, sonst fliegen Sie in hohem Bogen hinaus!«

Tola'at Sha'ani, der im Umgang mit Chefredakteuren beliebter Wochenmagazine wenig Erfahrung hatte, ließ das Messer fallen und glotzte sein Gegenüber entgeistert an. Erst nach einer Pause vermochte er sich zu zaghaftem Widerspruch aufzuraffen:

»Mein Brief... ich habe... in meinem Brief stand kein Wort von einem Papagei...«

»Ihr Brief wurde für den Druck ein wenig eingerichtet«, erwiderte der Chefredakteur eiskalt. »Das behalten wir uns bei allen Zuschriften vor. Oder sind wir vielleicht Ihr persönliches Sprachrohr, in dem Sie sich nach Belieben äußern können? Was wollen Sie eigentlich von mir?«

»Nur eine Korrektur. Eine ganz kleine Korrektur, ich

bitte Sie. Für mich ist das alles kein Spaß. Meine Schwiegermutter spricht nicht mehr mit mir, seit mir meine Frau davongelaufen ist. Ich bin verzweifelt.«
Tola'at Sha'ani begann leise zu schluchzen.
»Schon gut, schon gut«, brummte der Chefredakteur, ein im Grunde weichherziger Mensch. »Die enorme Verbreitung unseres beliebten Wochenmagazins beruht zwar auf dem Vertrauen der Leserschaft in die Zuverlässigkeit unserer Informationen, aber diesmal wollen wir ausnahmsweise eine Ausnahme machen. Wir werden in unserer nächsten Nummer eine kleine Richtigstellung veröffentlichen, natürlich nicht trocken und amtlich, sondern in witziger, eleganter Verpackung –«
Ein Qualschrei aus der Brust des Gemarterten unterbrach ihn:
»Nein! Nein!! Nichts Witziges! Nichts Elegantes!«
Auf den Knien rutschte Tola'at Sha'ani vor den Sessel des Chefredakteurs und hob flehend und zitternd beide Hände.
Der auf ein Klingelzeichen herbeigeeilte Ziegler hob ihn auf und geleitet ihn zur Tür hinaus.
Der Chefredakteur sah ihm kopfschüttelnd nach:
»Unglaublich, wie tief sich ein Mensch für ein bißchen Publicity entwürdigt...«

»Die Schwiegermutter antwortet nicht« lautete der Titel einer kleinen Glosse, die in der nächsten Nummer der »Glücklichen Familie« erschien und folgenden Wortlaut hatte:

Tola'at Sha'ani, dessen erfolgloses Stück nunmehr endgültig aus dem Spielplan verschwunden ist, verbringt seine reichlich bemessene Freizeit auf dem Golfplatz. Bei einem kollegialen Zusammentreffen mit unserem dorti-

gen Korrespondenten gab er seinem »leichten Befremden« darüber Ausdruck, daß wir ein paar allseits belachte Anekdoten über seine Schwiegermutter veröffentlicht haben, an der er in großer Liebe zu hängen angibt.
»Für mich ist das alles kein Spaß«, sagte der Schriftsteller wörtlich. »Meine Schwiegermutter spricht nicht mehr mit mir.«
»Zürnt sie Ihnen so sehr?«
»Schlimmer. Sie hat sich den Kiefer verrenkt und kann ihre Zunge nicht bewegen.«
»Und was sagt der Arzt?«
»Der Arzt?« Tola'at Sha'ani konnte ein Grinsen nicht unterdrücken. »Er wollte sie sofort untersuchen. Aber ich sagte ihm: Keine Eile, Herr Doktor, keine Eile. Kommen Sie in zwei, drei Wochen...«
Und Tola'at Sha'ani schickte sich mit elegantem Schwung zum nächsten Golfschlag an.

Um die Mittagszeit zerschmetterte der erste Stein eines der Fenster des Eßzimmers, aber Tola'at Sha'ani hatte noch knapp entwischen können, bevor die Demonstration größere Ausmaße annahm. Er drückte sich die Häusermauern entlang und nahm den Autobus, der ihn in eine entfernte Siedlung im Süden des Landes bringen sollte. Beinahe wäre ihm das geglückt, aber seine Schwiegermutter, die einen Geheimtip bekommen haben mußte, fing ihn an der Haltestelle ab und zerschlug ihren Regenschirm an seinem Kopf.
Im Spital empfing man ihn kühl und abweisend und überstellte ihn schließlich in die Abteilung für schwere Alkoholiker, wo man ihm einen Verband anlegte und ihn zu äußerster Ruhe ermahnte.
Trüb vor sich hin starrend, von allen gemieden, von der Zwangsjacke bedroht, saß Tola'at Sha'ani in seiner Zelle und dachte darüber nach, wie er dem Teufels-

kreis, in den ihn die Redaktion der »Glücklichen Familie« hineinmanövriert hatte, endlich durchbrechen könnte.
Plötzlich drang ein gleißender Lichtschein durch die kleine Fensterluke. Ein Engel stand vor ihm, in der Hand das Schwert der Demokratie, auf dem Haupt die Krone der Pressefreiheit.
Und es öffnete aber der Engel den Mund und hub zu sprechen an und sprach:
»Schick ihnen eine Honorarrechnung!«
Wortlaut des Briefs, der sich am nächsten Tag im Posteingang der »Glücklichen Familie« befand:

Sie waren so freundlich, in den letzten drei Ausgaben Ihres Magazins drei meiner kurzen Satiren abzudrucken:
1. Zungspitz und das Begräbnis
2. Warum schwieg der Papagei
3. Die Schwiegermutter antwortet nicht
Ich bitte um Überweisung des fälligen Honorars.

Hochachtungsvoll
Tola'at Sha'ani

Seither herrscht Ruhe.

Die fälligen Honorare wurden natürlich nicht überwiesen. Es gibt einen bestimmten neuralgischen Punkt, an dem die Massenmedien auf stur schalten.

Um die Großmacht Presse in die Knie zu zwingen, muß man schon weit subtilere Methoden anwenden.

Subtile Hinrichtung eines Publizisten

Haben Sie in der letzten Zeit den bekannten Publizisten Kunstetter gesehen? Sie hätten ihn nicht wiedererkannt. Denn dieser Stolz der lokalen Publizistik, dieser überragende Meister der Feder ist zu einem Schatten seines einst so stolzen Selbst herabgesunken. Seine Hände zittern, seine Augen flackern, sein ganzes Wesen strahlt Zusammenbruch aus.

Was ist geschehen? Wer hat diesen Giganten von seinem Denkmal gestürzt?

»Ich«, sagte mein Freund Jossele und nahm einen Schluck aus seiner Tasse türkischen Kaffees, gelassen, gleichmütig, ein Sinnbild menschlicher Teilnahmslosigkeit. »Ich konnte diesen Kerl nie ausstehen. Schon die aufdringliche Bescheidenheit seines Stils war mir zuwider.«

»Und wie ist es dir gelungen, ihn fertigzumachen?«

»Durch Lob.«

Und dann enthüllte mir Jossele eine der abgefeimtesten Teufeleien des Jahrhunderts:

»Nachdem ich mich zur Vernichtung Kunstetters entschlossen hatte, schrieb ich ihm einen anonymen Verehrerbrief. ›Ich lese jeden Ihrer wunderbaren Leitartikel‹, schrieb ich. ›Wenn ich die Zeitung zur Hand nehme, suche ich zuerst nach Ihrem Beitrag. Gierig verschlinge ich diese kleinen historischen Meisterwerke, die so voll von Weisheit, Delikatesse und Verantwortungsgefühl sind. Ich danke Ihnen, ich danke Ihnen aus ganzem Herzen, ich danke Ihnen ...‹

Ungefähr eine Woche später schickte ich den zweiten Brief ab: ›Meine Bewunderung für Sie wächst von Tag zu Tag. In Ihrem letzten politischen Essay haben Sie einen stilistischen Höhepunkt erklommen, der in der Geschichte der Weltliteratur nicht seinesgleichen hat.‹ Du weißt ja, wie diese eitlen Schreiberlinge sind, nicht wahr. So verstiegen kann ein Kompliment gar nicht sein, daß sie es nicht ernst nehmen würden, diese selbstgefälligen Idioten. Hab ich nicht recht?«
»Möglich«, antwortete ich kühl. »Aber Komplimente haben noch keinen Schriftsteller umgebracht.«
»Wart's ab. Insgesamt schickte ich Kunstetter etwa zwanzig Lobeshymnen. Ich philosophierte in seine banale Zeilenschinderei alle möglichen Tiefsinnigkeiten hinein, ich pries seine albernen Kalauer als stilistische Finessen, ich zitierte wörtlich seine Formulierungen, mit Vorliebe die dümmsten. Als ich ganz sicher war, daß meine täglichen Begeisterungsausbrüche zu einem festen, unentbehrlichen Bestandteil seines Lebens geworden waren, bekam er den ersten, leise enttäuschten Brief: ›Sie wissen, wie sehr ich die Meisterwerke Ihrer Feder bewundere‹, schrieb ich. ›Aber gerade das Ausmaß meiner Bewunderung berechtigt – nein, verpflichtet mich, Ihnen zu sagen, daß Ihre letzten Leitartikel nicht ganz auf der gewohnten Höhe waren. Ich bitte Sie inständig: Nehmen Sie sich zusammen!‹
Eine Woche später kam der nächste, schon etwas deutlichere Aufschrei: ›Um Himmels willen, was ist geschehen? Sind Sie ein andrer geworden? Sind Sie krank und lassen Sie einen Ersatzmann unter Ihrem Namen schreiben? Was ist los mit Ihnen?!‹
Kunstetters Artikel wurden um diese Zeit immer länger, immer blumiger, immer ausgefeilter. Er machte übermenschliche Anstrengungen, um sich wieder in meine Gunst zu schreiben. Vergebens. Gestern bekam er den

Abschiedsbrief: ›Kunstetter! Es tut mir leid, aber nach Ihrem heutigen Geschmiere ist es aus zwischen uns. Auch der gute Wille des verehrungsvollsten Lesers hat seine Grenzen. Mit gleicher Post bestelle ich mein Abonnement ab. Leben Sie wohl . . .‹«

Und das war das Ende.

Jossele zündete sich eine Zigarette an, wobei ein diabolisches Grinsen ganz kurz über sein Gesicht huschte. Mich schauderte. Kleine, kalte Schweißperlen traten mir auf die Stirn. Ich muß gestehen, daß ich mich vor Jossele zu fürchten begann. Und ich frage mich, warum ich ihn eigentlich erfunden habe.

Es ist an der Zeit, die Betrachtung der Druckschriften vorübergehend zu unterbrechen.

Denn unser Augenmerk richtet sich jetzt auf den Rädelsführer. Ihn muß man nicht vom Kiosk nach Hause tragen, denn dort ist er schon. Auf dem Dach, im Wohnzimmer, in der Eßecke, im Schlafzimmer, kurz und gut, an jedem Ort, wo es Steckdosen gibt. Er vermehrt sich durch Kinder. Nach den jüngsten statistischen Erhebungen hat jeder zweite Fernsehapparat eine Familie.

Aber der Wahrheit die Ehre. Nach der gleichen Statistik gibt es immer noch normale Menschen auf diesem Globus, die prinzipiell keinen Fernsehapparat in ihrem paradiesischen Heim dulden. Höchstens einen im Ein-

baukasten, weil er zur Standardausstattung mit dazu gehörte. Und zwei für die Zwillinge. Einen im Wintergarten für die Gäste. Und zwei in Reserve, wenn einer kaputtgeht. Solche Menschen repräsentieren die heroische Minderheit, die dem Medienterror die Stirn bietet. Ich selbst zähle nicht zu dieser Elite. Bei mir gibt es sogar im Badezimmer einen Fernsehapparat, eine Sonderausführung mit Scheibenwischer. Ich besitze auch ein japanisches Taschenmodell mit eingebauter Lupe. Ich habe alles, nur keine Zeit fernzusehen.
Inzwischen hat das Kabelfernsehen die Lage verbessert. Solange es nur einen Kanal gab, klebten wir gebannt am Apparat. Heute, mit den unzähligen Stationen, ist es längst nicht mehr so spannend, vor dem Bildschirm zu sitzen. Es ist viel aufregender, hinter ihm zu stehen.

Sepp und Garfinkel, Hintergrundvirtuosen

Die Amateurdarsteller Sepp und Garfinkel gehören zu den populärsten Stars unseres Fernsehlebens. Die unerschöpfliche Serie ihrer Abenteuer – betitelt »Wer winkt, gewinnt« – wird im Beiprogramm der meisten Sendungen ausgestrahlt. Man kennt die beiden noch im verschlafensten Nest. Sie tauchen bei jedem Interview, das unter freiem Himmel stattfindet, hinter dem Interviewten auf und winken ins Publikum, sie schieben sich bei jeder Reportage ins Blickfeld der Kamera: Sepp, der Grinser, und Garfinkel, der Glotzer.
Es ist ein Rätsel, wieso sie immer ganz genau wissen, wann und wo ein Kamerateam des Fernsehens in Aktion treten wird. Gleichgültig, ob der jeweils amtierende Reporter ein Gespräch mit dem Oberbürgermeister führt oder ob er einen streikenden Arbeiter befragt –

Sepp und Garfinkel sind zur Stelle, kommen ins Bild, absolvieren ihr Winkpensum und beginnen, wenn sie genug gewinkt haben, Grimassen zu schneiden, offenbar zur Erheiterung ihrer zahllosen Verwandten, die im Dschungel der Antennen hausen.
Jeder der beiden Künstler hat seinen eigenen Stil entwickelt. Sepp erscheint mit einem breiten Grinsen, das von zwei unwahrscheinlich kompletten Reihen blitzender Zähne unterstützt wird, und kämpft sich mit grimmiger Entschlossenheit bis dicht vor die Kamera durch. Garfinkel ist mehr ein nachdenklicher, träumerischer Typ. Ohne daß irgend jemand gesehen hätte, wie er nach vorn gelangt ist, steht er plötzlich da und glotzt mit dem abwechslungsreichen Mienenspiel eines toten Karpfens.
Garfinkel ist sogar imstande, stehend einzuschlafen, während gerade ein wichtiger Staatsmann eine wichtige Ansprache an das versammelte Volk richtet. Sepp hingegen, grinsend und zwischen blitzenden Kiefern einen Kaugummi malmend, pflanzt sich so dicht hinter dem Staatsmann auf, daß es aus einem bestimmten Winkel der Kamera aussieht, als ob wir doppelköpfige Staatsmänner besäßen. Kritische Zuschauer können dann nur mühsam den Gedanken an einen Januskopf unterdrükken.
Es wäre jedoch ein Irrtum zu glauben, daß Garfinkels scheinbar temperamentlose Darbietung jegliche Spannungsmomente entbehrt. Im Gegenteil. Sowie sein Fischgesicht ins Bild schwimmt, stellen sich seine Anhänger die aufregende Frage, ob er auch diesmal wieder in der Nase bohren wird oder nicht. Meistens bohrt er. Der kleine Finger seiner linken Hand macht sich langsam auf den Weg in sein rechtes Nasenloch, verschwindet allmählich bis zur Hälfte oder noch weiter – und über kurz oder lang verlagert sich die Aufmerksamkeit

der Zuschauer vom Redner zum Bohrer. Was dieser zu bieten hat, ist ja auch wirklich interessanter.
Sepp, der audiovisuelle Vollblutkomödiant, wirkt demgegenüber wie ein alter Routinier, der die Pointen nur so um sich streut. Er setzt auf Temperament und rasch wechselnde Haltung.
Im folgenden der Entwurf zum Drehbuch eines tollkühnen Bankraubs in der Tagesschau. In den Hauptrollen Sergeant Lefkov von der Kriminalpolizei und Sepp von »Wer winkt, gewinnt«. Ort der Handlung: vor dem überfallenen Bankhaus. Zeit: früher Nachmittag.
Sergeant Lefkov steht inmitten einer Menge von Bewunderern und gibt einen zusammenfassenden Bericht:
Lefkov: »Es handelt sich hier um einen der verwegensten Banküberfälle, die während der letzten vierundzwanzig Stunden verübt wurden.« (Sepp kommt von rechts ins Bild und arbeitet sich nach vorn, Blick und Grinsen starr auf die Kamera gerichtet.)
Lefkov: »Die Räuber waren mit Masken, automatischen Schußwaffen und einem Flammenwerfer ausgerüstet.« (Sepp hat die zweite Reihe Mitte erreicht, macht halt und fragt den Kameramann, auf Lefkov deutend, in allgemein verständlicher Gebärdensprache: »Wer ist das?«)
Lefkov: »Als der Kassierer Widerstand leisten wollte, feuerte einer der Gangster gegen die Decke und verursachte erheblichen Mörtelschaden.« (Sepp springt hoch, winkt, ruft »Schweppes!« und wendet sich plötzlich nach links, von wo ihn der Regisseur des Fernsehteams mit heftigen Bewegungen auffordert, sofort zu verschwinden. (Sepp, erstaunt: »Wer? Ich?«) Lefkov ist verwirrt, tritt zögernd zur Seite, bleibt stehen, setzt fort: »Die Räuber zwangen die im Bankraum anwesenden Kunden mit vorgehaltener Waffe zum Absingen eines Kinderliedes und schossen zwischendurch wahllos ge-

gen die Fensterscheiben.« (Sepp befindet sich jetzt auf gleicher Höhe mit dem Sergeanten; seine Lippen formen unhörbar, aber deutlich die Worte: »He, Kinder, da bin ich! Hier!«)
Lefkov: »Einige Passanten wurden durch umherfliegende Glassplitter verletzt und auf die Polizeistube gebracht, wo sie verhört werden.« (Eine Hand kommt dicht vor der Kamera ins Bild, packt Sepp am Kragen und entfernt ihn. Sein Platz wird sofort von einem anonymen Winker eingenommen. Die Aufnahme verschwimmt...)
Das ist, wie gesagt, nur ein Entwurf, auf den die Darsteller der Serie »Wer winkt, gewinnt« in keiner Weise angewiesen sind. Sie improvisieren ihre Sendungen ohne jede Hilfe. Man kann sich auf sie verlassen. Und es ist hoch an der Zeit, daß man ihnen die entsprechende Würdigung zuteil werden läßt. Wann immer in Zukunft ihre Gesichter auf dem Bildschirm erscheinen, müßten zugleich ihre Namen eingeblendet werden. Das ist wohl das mindeste, was diesen beiden telegenen Schwarzarbeitern zusteht.

Das Verhältnis zwischen dem Fernsehen und seinem Publikum ist mit einer Schlange zu vergleichen, die aus Zerstreutheit beginnt, ihren eigenen Schwanz anzuknabbern. Das Fernsehen beherrscht die Massen, aber die Massen bestimmen die Einschaltquoten, und die Einschaltquoten beherrschen das Fernsehen. So bestimmen eigentlich die »Untertanen«, wie in jeder guten Demokratie, die Regierungspolitik.

In diesem Marathon um die Gunst der Mehrheit gibt es vier Dauerspitzenreiter: die Familienserie, das Sportstudio, den Krimi und das Fernsehquiz.

Der weibliche Teil der Bevölkerung schmilzt dahin bei Familienserien mit gut gebauten Chefärzten und verliebten Pastoren, die männlichen Gebührenzahler sind unansprechbar bei Mönchengladbach und Boris Bekker, die Kinder sind natürlicherweise am täglichen Sexmord interessiert, während ich selbst unerschöpfliches Vergnügen an den Quizsendungen finde.

Meine Bewunderung gehört jenen Wundergeschöpfen, die auf jede enzyklopädische Frage an Ort und Stelle die Antwort finden, höchstens zwei Minuten nach Bekanntwerden der Frage und frühestens zwei Wochen davor.

Einen besonderen Platz in meinem Herzen hat das sogenannte Bibelquiz, das jährlich unter der Schirmherrschaft des Oberrabbinats in Jerusalem stattfindet.

Die Juden sind bekanntlich das Volk des Buches und waren es schon, als die Welt zu bestehen anfing. Deshalb legen die Frommen unter uns Wert darauf, daß ihre Kinder die Heilige Schrift auswendig lernen, Vers für Vers, Satz für Satz, Buchstabe für Buchstabe. Daher stammt das überwältigende Interesse an der Fernsehsendung von Jerusalem, wo festgestellt wird, wer das Buch Jeremia am wörtlichsten auswendig kann. Der Prophet selbst würde wahrscheinlich nie ins Finale kommen.

Aber warum muß es ausgerechnet ein Bibelquiz sein, haben die Juden denn keine anderen Probleme?

Der Postverkehr zum Beispiel hat in der Geschichte des

Volkes Israel seit jeher eine bedeutende Rolle gespielt. Denn das jüdische Volk lebte die längste Zeit in der Diaspora, und für die zerstreuten Stämme war es lebenswichtig, untereinander Kontakt zu halten.

Ein erhebender Sieg des menschlichen Geistes

Kein Wunder also, daß eine Welle der Begeisterung durch die israelische Öffentlichkeit ging, als das Fernsehen in Zusammenarbeit mit dem Postministerium ein überregionales Telefon-Quiz ankündigte.
Im ganzen Land wurden Ausscheidungskämpfe abgehalten, aus denen schließlich vier Finalisten hervorgingen. Sie versammelten sich für den Endkampf in der Großen Volkshalle zu Jerusalem. Das Fernsehen hatte seine besten Moderatoren aufgeboten, um über den Verlauf des Abends zu berichten, und die Bevölkerung, soweit sie nicht an Ort und Stelle dabei sein konnte, versammelte sich in ihren Häusern vor den Fernsehapparaten, die Telefonbücher griffbereit.
Auf der Bühne saßen die vier Kandidaten und boten sich den bewundernden Blicken des Publikums dar. Jedermann im Zuschauerraum wußte, welches ungeheure Ausmaß von Wissen, Intelligenz und Orientierungsvermögen diese vier so weit gebracht hatte, jedermann kannte ihre Namen.
Da war Towah, Telefonistin in der Fernamtzentrale und Liebling des Publikums, Ing. Glanz, der Computer-Fachmann, Prof. Dr. Birnbaum von der Forschungsstelle für Elektronengehirne, und der Dichter T. S. Ellenbogen, Abkömmling einer langen Reihe von Schachspielern.
Auch ich war dabei, um einen Blick auf die Helden der

Nation zu werfen. Es herrschte eine ebenso festliche wie gespannte Stimmung, selbst einige Mitglieder des diplomatischen Corps konnten ihre fieberhafte Erwartung nicht verbergen. Der Minister für Post- und Verkehrswesen eröffnete den Abend mit einer kurzen Ansprache von hohem Niveau:
»Zum erstenmal seit zweitausend Jahren halten freie Juden ein Telefonquiz in ihrer eigenen Volkshalle ab«, begann er und kam sodann auf den historischen Hintergrund des Ereignisses zu sprechen, schilderte die Anfänge des Postwesens von der Taube Noahs und den Engeln Abrahams bis hin zu der erregenden Überlegung, was mit den persischen Juden geschehen wäre, wenn der böse Haman, Gott behüte, für seine Anordnungen zur Vernichtung der Kinder Israels das Telefon zur Verfügung gehabt hätte statt langsamer Boten zu Pferd oder Kamel...
Im vergangenen Jahr hatte ein Fernseh-Quiz auf internationaler Basis und in Anwesenheit zahlreicher Auslandskorrespondenten stattgefunden, weshalb sich die Jury gezwungen sah, auch Fragen von minderer Wichtigkeit zuzulassen: wer das Telefon erfunden hatte, wie eine Schaltstelle funktioniert, wo das erste transatlantische Kabel gelegt wurde und dergleichen Unerheblichkeiten mehr. Demgegenüber konzentrierte sich die heutige Konkurrenz auf wirklich Wesentliches, nämlich auf heimische Telefonnummern.
Der Rektor der Universität stellte in seiner Eigenschaft als Vorsitzender der Jury den Kandidaten die tiefschürfenden Fragen, die von einem eigens zu diesem Zweck einberufenen Komitee von Fachgelehrten in mehr als halbjähriger Arbeit zusammengestellt worden waren. Die erste Frage, die durch die atemlose Stille des Auditoriums klang, lautete:
»Was ist die erste Nummer auf Seite 478, Haifa?«

Ing. Glanz, ein überlegenes Lächeln auf den Lippen, antwortete unverzüglich:
»Weinstock, Mosche, Tel-Chai-Straße 12, Nummer 40-5-72.«
Stürmisches Geraschel der Telefonbücher im Zuschauerraum, stürmischer Beifall, als sich die Richtigkeit der Antwort erwies. Im übrigen dienten die ersten Fragen lediglich dem Aufwärmen der Konkurrenten und wurden von den vier lebendigen Nummernverzeichnissen mit größter Leichtigkeit beantwortet. Nur als Towah auf die Frage des Rektors, wie viele Goldenblums im Telefonbuch von Tel Aviv enthalten wären, die Ziffer 6 angab, schien sich eine Sensation anzubahnen:
»Es tut mir leid«, sagte der Rektor, »ich sehe nur fünf.«
»Der sechste«, belehrte ihn Towah, »steht im Anhang. Goldenblum, Ephraim, Levi-Jitzchak-Straße 22, Nummer 27-9-16.«
Der Rektor griff nach dem Anhang, blätterte darin, legte ihn weg und ließ ein anerkennendes »Stimmt!« hören.
Meine Bewunderung wuchs von Minute zu Minute. Noch nie hatte ich so viel profundes Wissen auf so engem Raum versammelt gesehen. Da fiel es kaum ins Gewicht, daß Prof. Dr. Birnbaum die nächste Frage nicht beantworten konnte und daß der Dichter T. S. Ellenbogen erst im allerletzten Augenblick die richtige Antwort fand. Die Frage hatte gelautet:
»Welche Nummer auf der Gordonstraße in Tel Aviv hat drei Nullen?«
Die Adern auf T. S. Ellenbogens Stirn schwollen an und drohten zu platzen:
»Ich hab's!« rief er endlich. »Wechsler, Viola, Gesangslehrerin, 2-07-00!«
Zwar versagte T. S. Ellenbogens Gedächtnis, als er nach Violas Hausnummer gefragt wurde, aber die Spielregeln sahen vor, daß Adressen in bestimmten Fällen

nicht angegeben werden mußten. T. S. Ellenbogen bekam zwei Punkte und begeisterten Applaus.
Dann demonstrierte Towah ihre enorme Sachkenntnis in Fragen der Telefonbuch-Prosa.
»Merkspruch auf Seite 52, Jerusalem?«
»Richtig wählen erleichtert die Verbindung«, antwortete Towah mit unüberbietbarer Nonchalance.
Hingegen zeigte sich Ing. Glanz zur allgemeinen Überraschung außerstande, den Inserenten auf Seite 356, Haifa, zu nennen. Jeder bessere Telefonbuch-Amateur hätte gewußt, daß es sich um die Papierhandlung Pfeffermann handelte.
Mit der Zeit machten sich bei allen vier Kandidaten leichte Abnützungserscheinungen bemerkbar. Prof. Dr. Birnbaums Zeitlimit lief ab, ehe ihm einfiel, welche Telefonnummer in der Mitte eine Ziffer hatte, die der Differenz zwischen den beiden ersten und den beiden letzten Ziffern entsprach. Er mußte ausscheiden. Seine Frage wurde nicht ohne Mühe von Ing. Glanz beantwortet:
»Gardosch, Schoschana, Tel Aviv, Seite 180, zweite Spalte, 29. Nummer von oben, 2-3-1-6-7.«
Das Publikum bereitete ihm eine donnernde Ovation. Auch ich klatschte mit, obwohl mich um diese Zeit ein erster skeptischer Gedanke beschlich:
»Bitte«, wandte ich mich an meinen Nebenmann, »wozu soll das eigentlich gut sein, jede Nummer im Telefonbuch auswendig zu wissen?«
Der Angesprochene schien peinlich berührt:
»Was meinen Sie – wozu das gut sein soll?«
»Mißverstehen Sie mich nicht, mein Herr, das Telefonbuch ist ein unentbehrliches Nachschlagewerk, das weiß ich wohl. Ohne Telefonbuch könnten wir keinen einzigen Tag am Leben bleiben. Ich wäre der letzte, die Wichtigkeit dieses Buchs zu bestreiten. Aber wozu soll

man es auswendig lernen, wenn man alles, was man wissen will, nachschlagen kann?«
»Und was, wenn Sie eines Tages in der Wüste sind und kein Telefonbuch haben?«
»Dann hätte ich ja auch kein Telefon.«
»Nehmen wir an, Sie hätten eines.«
»Dann würde ich die Auskunft anrufen.«
»Pst! Ruhe!« klang es von mehreren Seiten. Andere Stimmen mischten sich ins Gespräch und bezeichneten meine Haltung als grundfalsch, respektlos und dumm. Ich mußte mir sagen lassen, daß die vier Geistesgiganten oben auf der Bühne hoch über der gewöhnlichen Masse stünden, daß sie schon in frühestem Kindesalter, echt jüdischem Brauchtum folgend, sich dem Studium eines jeden Buchstabens, einer jeden Ziffer, eines jeden Druckfehlers gewidmet hatten, bis sie zu jenen geistigen Höhen emporgestiegen waren, denen sie jetzt den Beifall und die Bewunderung aller Anwesenden verdankten.
Oben auf der Bühne hatte mittlerweile die Endrunde begonnen. Soeben machte sich Ing. Glanz an die Lösung eines scheinbar übermenschlichen Problems:
»Wenn man eine Nadel durch die dritte Ziffer der vierten Zeile der zweiten Spalte auf Seite 421 steckt, welche Ziffern würde sie auf den folgenden Seiten durchdringen?«
Ing. Glanz kam bis Petach-Tikwah, Seite 505. Dort war die Nadel zu Ende.
Das Publikum hielt den Atem an. Als die letzte richtige Ziffer durchkam, brach ein Sturm von Bravo- und Hochrufen aus. Mein Nachbar flüsterte: »Gepriesen sei der Ewige!« Einige Zuschauer weinten.
Der Rektor bat um Ruhe. Bevor er die Namen der Sieger bekanntgebe, wolle er noch eine vom Staatspräsidenten eingesandte Frage stellen. Sie lautete:

»Wie macht man einen Telefonanruf?«
Die vier Champions verfielen in betretenes Schweigen. Towah murmelte etwas von Löchern und Steckkontakten, aber es war klar, daß keiner der vier die richtige Antwort wußte. Nach einigem Getuschel erhob sich der Dichter T. S. Ellenbogen und gab im eigenen sowie im Namen seiner Mitspieler bekannt, daß die Frage über den Rahmen der hier veranstalteten Konkurrenz hinausginge, da sie nicht in Ziffern zu beantworten war. Die Unruhe, die sich des Publikums zu bemächtigen drohte, wurde vom Vorsitzenden der Jury geschickt abgefangen, indem er Ing. Glanz zum »Telefonbuch-Meister des Jahres« proklamierte und Towah mit dem zweiten Preis auszeichnete. In einem wilden Ausbruch von Begeisterung stürmte die Menge das Podium und trug ihre Idole auf den Schultern hinaus.
Ich wollte zu Hause anrufen, um der besten Ehefrau von allen das Ergebnis mitzuteilen, aber ich hatte meine Nummer vergessen.

Es könnte der Eindruck entstehen, daß das Fernsehen ein elitäres und gefühlskaltes Medium ist. Dem ist nicht so. Eine wohlfinanzierte, überregionale Sendung kann zwar aus jedermann, der Robert Redford ähnlich sieht, den Vizepräsidenten der Vereinigten Staaten machen, andererseits aber vermag der kleine

Bildschirm auch eine zentrale Rolle im Privatleben des einfachen Mannes zu spielen. Wenn das Fernsehen einen starken Tag hat, kann es sogar eine zerrüttete Ehe retten.
Hören wir in dieser Angelegenheit eine kompetente Stimme.

Sic transit gloria mundi

Gloria kam uns besuchen, und wir fanden, daß sie etwas rundlicher geworden war. Sie schien inzwischen auch nicht mehr ganz taufrisch zu sein, doch kratzbürstig wie eh und je. Es war uns in den letzten Monaten zu Ohren gekommen, Gloria habe sich von Mischa scheiden lassen und sei wieder im Rennen.
Aber ehe ich sie noch danach fragen konnte, kuschelte sie sich in meinen Lehnstuhl und seufzte:
»Es ist alles anders gekommen, als ich dachte. Und daran ist euer blödes Fernsehen schuld.«
Das Schlamassel, so erfuhren wir, hatte im vergangenen Herbst begonnen.
»Da habe ich Mischa, dieses Schwein, mit seinem Corpus delicti in unserem Ehebett erwischt«, erzählte unsere Freundin.
»Wirklich im Ehebett?« fragte die beste Ehefrau von allen.
»Sag' ich doch. Ich hab' sogar einen Zeugen, Isaak Wechsler, mit dem ich damals ein kleines Techtelmechtel hatte, absolut belanglos, reine Routine, ehrlich. Wir gehen an jenem Vormittag zu mir nach Hause, Isaak und ich, denn wir haben uns prinzipiell morgens getroffen, und was passiert? Ich öffne nichtsahnend die Haustür und rufe, nur um ganz sicher zu gehen, nach meinem Ehemann: ›Hallo, Mischalein, Liebling, bist du

da?‹ Ich habe den Kerl nämlich geliebt. Als keine Antwort kommt, bringe ich Isaak ins Schlafzimmer, und dort – ich werde jetzt noch sauer, wenn ich daran denke – liegt der Schweinekerl mit seiner kleinen Nutte im Bett...«
»Ekelhaft!« sagte die beste Ehefrau von allen. Ich schwieg.
»Zum Kotzen. Als er mich kommen hörte, wollte er sich in panischer Eile anziehen, aber der Reißverschluß seiner Hose klemmte. Ich wandte mich auf der Stelle an meinen Rechtsanwalt. Isaak Wechsler, der neben mir auf der Türschwelle stand, kümmerte sich nämlich auch um meine juristischen Probleme. Er sagte prompt, daß ich im Rahmen der Abfindung auch den Wagen verlangen könnte. Mischa ließ es natürlich auf eine gerichtliche Auseinandersetzung ankommen. Sein Anwalt bot mir 20000 und den Fiat 500. Er schlug vor, daß Mischa den Telefonanschluß bekommen sollte, falls mir unser Sohn Sascha zugesprochen würde. Schließlich haben wir uns darauf geeinigt, daß Sascha am Vormittag bei meiner und am Nachmittag bei Mischas Mutter bleibt. Buchstäblich in letzter Minute konnte ich dann noch das chinesische Teeservice retten. Dafür hat sich mein Mann das Piano geschnappt und sämtliche Glühbirnen in der Wohnung ausgeschraubt. Außerdem hat er wenige Minuten vor mir das ganze Geld von unserem gemeinsamen Konto abgehoben, der schäbige Gauner.«
»Skandalös!« bemerkte die beste Ehefrau von allen, die prinzipiell gegen jede Art von Scheidungen ist.
»Es kommt noch schöner«, fuhr Gloria fort, »vor ungefähr zwei Wochen schlug dann auch noch das Fernsehen zu. Der neue Intendant hatte nämlich in letzter Sekunde die Ausstrahlung einer Sendung über das Jahreseinkommen der israelischen Zahnärzte verboten. Da

standen sie nun also mit einem Loch im Programm und griffen im Archiv nach der erstbesten Sendung, die ihnen in die Hände kam. Es war die Wohltätigkeits-Gala ›Frank Sinatra in Jerusalem‹. Die brachten sie als Wiederholung.«

»Traumhaft. Ich habe die Sendung beim ersten Mal gesehen«, schwelgte meine Frau in seliger Erinnerung. »War ungefähr vor anderthalb Jahren, nicht wahr?«

»Genau. Ich war damals mit Mischa im Konzert. Zu der Zeit liebte ich den Kerl ja noch. Nun gibt es ja doch immer diese Zwischenschnitte aus dem Publikum. Und als Frankie also das Lied ›Strangers in the night‹ singt und an die rührende Stelle kommt, wo er ›schu-bi-du bi-duu‹ macht, zeigt die Kamera ausgerechnet Mischa und mich in Großaufnahme. Ich flüsterte ihm gerade etwas zu, und es sah aus, als knabberte ich an seinem Ohrläppchen. Er hat reizende Ohrläppchen, der Schweinekerl.«

»Aber das war doch vor anderthalb Jahren«, warf ich ein.

»Sicher, aber die Wiederholung war jetzt! Die Hölle brach los. Alle unsere Freunde und Bekannten sahen auf dem Bildschirm, wie ich am Ohr meines Mannes knabberte, und rannten zum Telefon. ›Wußt' ich's ja‹, kreischte mein Friseur, ›wußt ich's ja, daß ihr getrennt nicht leben könnt!‹ Ich versuchte ihm zu erklären, daß es sich um eine Wiederholung handelte, aber es war für die Katz. Das Telefon schellte und schellte. Mein Onkel aus Tiberias verfiel in einen Freudentaumel, eine alte Schulfreundin schluchzte vor Rührung, und meine Flamme Isaak Wechsler verreiste ins Ausland.«

»Wie klug von ihm«, bemerkte die beste Ehefrau von allen. Sie steht immer auf der Seite des gesetzlich angetrauten Ehemannes.

Ich meinerseits schwieg.

»Es war eine Katastrophe«, fuhr Gloria fort, »ich schrieb dem Fernsehen, sie sollten den Abend mit Sinatra noch einmal ansetzen und an der Stelle mit dem ›schu-bi-du-bi-duu‹ und Mischas Ohrläppchen eine Schrift einblenden: AUFGENOMMEN VOR DER SCHEIDUNG. Sie haben abgelehnt. Glaubt ihr, daß ich sie auf Schadenersatz verklagen kann?«
»Du könntest es immerhin versuchen«, meinte meine Gattin.
»Wann kommt denn Isaak Wechsler wieder zurück?« fragte ich.
»Nächste Woche. Aber inzwischen hat eine Frauenzeitschrift eine ›Ode an die Unzertrennlichkeit‹ veröffentlicht und sie Gloria und Mischa gewidmet. Ehrlich, ich bin am Ende. Mein kleiner Sascha freut sich wie ein Schneekönig. Er steht am Fenster und schreit auf die Straße hinunter: ›Mami und Papi machen bussibussi.‹ Ich bin fix und fertig. Pausenlos muß ich Glückwünsche entgegennehmen. Und stell dir vor, ein paar Freunde haben sogar eine Versöhnungs-Party veranstaltet.«
»Du bist hingegangen?« wollten wir wissen.
»Mischa hielt es für einen hübschen Einfall.«
»Hast du Mischa gesagt?«
»Ja doch! Hab' ich das nicht erzählt? Den haben die pausenlosen Anrufe genauso genervt wie mich. Da haben wir beschlossen, es noch einmal miteinander zu versuchen. Nur wegen der ewigen Telefonanrufe, ehrlich. Jetzt beantworten wir sie abwechselnd. Also haben wir erst mal die Scheidungskosten gespart und können den Wagen wieder gemeinsam benützen.«
Sieh an, dachte ich mir, eine klassische Fernsehromanze: Zwei Unterbelichtete finden sich durch die Mattscheibe wieder.
»Herzlichen Glückwunsch«, sagte die beste Ehefrau

von allen zu Gloria und fügte gerührt hinzu: »Du solltest Frank Sinatra ein paar Blumen schicken.«
Ich schwieg.

Die beste Ehefrau von allen, die eine leidenschaftliche Streiterin für die Institution Ehe ist, vor allem was die weiblichen Rechte betrifft, drückte ihre volle Genugtuung aus. Sie meint, daß solch segensreiche Wiederholungen öfter auf dem Programm stehen sollten. Als verantwortungsbewußte Mutter aber kennt sie natürlich auch die Schattenseiten des Bildschirms.
Sie denkt dabei vor allem an das übliche Blutbad, das spät nachts über den Bildschirm fließt, zu einer Zeit, wenn die lieben Kleinen längst in ihren Betten liegen. Seltsamerweise beschweren sich jedoch die Lehrer, daß nach jeder Thrillernacht die Schnarchchöre der Schüler den Unterricht nicht unbedeutend stören.
Die Pädagogen erkennen den hohen erzieherischen Wert dieser Filme nicht, in denen der Verbrecher gefangen und seiner gerechten Strafe zugeführt wird, weil sich ein Massaker mit Motorsäge niemals wirklich bezahlt macht. Selbst der jüngste Zuschauer muß sich auf diese Weise darüber klarwerden, daß es keinen Sinn hat, zu stehlen, zu rauben oder zu morden. Zum Schluß würde ihn ja doch der lange Arm der Zensur erwischen.

VERBRECHEN MACHT SICH NUR SELTEN BEZAHLT

Erwachsene Intellektuelle wie ich bevorzugen natürlich die hochklassigen Fernsehfilme, in denen Schauspielkunst und geistreiche Dialoge vorherrschen. Aber dann und wann verspüren auch wir, gewöhnlich um 23 Uhr 5, ein gewisses Bedürfnis nach Entspannung, und dann sehen wir uns einen Kriminalfilm oder etwas dergleichen an.

So geschah es auch, als ich neulich im TV-Programm folgendes angekündigt sah:

»MASSACRE DANS L'ENFER«. Nervenaufreibender Horrorthriller (1951).

Wenn ich 1951 lese, ist es um mich geschehen. 1951 war, wie bekannt, ein besonders starker Jahrgang für die Filmindustrie. Vor allem in Südfrankreich. Ich bereitete mir in der Mikrowelle einen Kübel voll Popcorn und ließ mich in meinen Lieblingsfauteuil fallen. Den Kindern verbot ich, den Horrorstreifen mit mir zu sehen, sie mußten sich dazu in ihre eigenen Zimmer zurückziehen.

Es begann verheißungsvoll. Ein behaarte Hand näherte sich langsam der Kehle einer Frau – umschloß sie – ein erstickter Schrei klang auf – die Brille der Dame fiel zu Boden – wurde von plumpen Schuhsohlen zertreten – nein, zerrieben – eigentlich überflüssig, finde ich – wenn er sie schon umgebracht hat, warum muß er dann noch ihre Brille hinmachen – jetzt stapfen die schweren Schuhe hinaus – die Türe öffnet sich – und in der geöffneten Tür erscheint der Vorspann.

Aufblenden.

Wir sind im Polizeihauptquartier. Inspektor Robitschek, der hartgesottene Chef der Kriminalpolizei, dem dennoch eine gewisse menschliche Wärme nicht ab-

geht, hält seiner Mannschaft eine Standpauke: »Das ist jetzt der 119. Mord, der im Laufe eines Jahres in Paris begangen wurde. Und die Ermordeten sind immer Hausbesitzer. Ich werde verrückt. Gérard, was sagen Sie dazu?«
»Chef«, sagt Gérard, ein junger, gutaussehender Kriminalbeamter in Zivil und mit dem Privatvermögen von Alain Delon. »Der Mörder ist kein Mensch, sondern ein Teufel.«
Schnitt.
Dunkle Nacht. Eine dunkle Seitengasse. Die dunklen weiblichen Gestalten, die hier auf und ab gehen, tragen dunkle enganliegende Kleider. Solchen Gegenden bleibt man besser fern, sonst wird man in dunkle Affären verwickelt.
Die Kamera fährt langsam zum fünften Stock eines trostlosen Mietshauses hinauf und weiter durch ein offenes Wohnungsfenster. In der Wohnung sitzt – zitternd vor Kälte, weil sie nur ganz leicht bekleidet ist – die zweite Preisträgerin der Schönheitskonkurrenz um den Titel der Miss Côte d'Azur. Ein untersetzter Mann mit Brille schreit sie an:
»Entweder Sie zahlen morgen früh«, schreit er, »oder ich werfe Sie hinaus!«
Kein Zweifel, es ist der Hausbesitzer. Die Dinge beginnen Gestalt anzunehmen. Es handelt sich um Mord Nr. 120.
»Monsieur Boulanger«, beschwört ihn bebend Miss Côte d'Azur II. »Warten Sie doch wenigstens bis morgen mittag... Mein Vater ist krank... Schnupfen... vielleicht eine fiebrige Erkältung...«
Boulanger entdeckt die Reize der jungen Dame. In seinen Augen glimmt es unmißverständlich auf. Er kommt näher, schleimig, widerwärtig, speichelnd.
»Hahaha«, lacht er, und zur Sicherheit nochmals: »He-

hehe. Wenn Sie nett zu mir sind, Valerie, dann läßt sich vielleicht etwas machen...«

Jetzt wird es delikat. Er will sie entkleiden, aber sie ist ja schon nackt. Sie versucht sich ihm zu entwinden. Ich und noch einige Millionen Männer in ihren Fernsehfauteuils ballen in ohnmächtiger Wut ihre Fäuste. Valerie weicht zurück, bis sie aus Gründen der hinter ihr angebrachten Wand nicht weiterkann. Die Vergewaltigung, das sieht wohl jeder, ist nur noch eine Frage von Sekunden.

Aber da – gerade in diesem Augenblick – wird das Fenster aufgestoßen, und ein Mann im schwarzen Regenmantel springt ins Zimmer. Ein Mann? Ein Koloß. Ein bärtiger Riese. In seinen Augen mischt sich unergründliches Leid mit unerbittlicher Entschlossenheit.

Boulanger hat allen Geschmack an dem kleinen Abenteuer verloren. Er befindet sich in einer recht unangenehmen Lage, um so mehr, als er verheiratet ist.

»Wer sind Sie?« fragt er. »Was wollen Sie?«

Leise und dennoch mit unheimlicher Schärfe antwortete der Riese:

»Ich bin Ihr Mörder, Boulanger.«

»Das will mir gar nicht gefallen«, stammelt Boulanger. »Was habe ich Ihnen getan?«

»Sie haben mir gar nichts getan, Boulanger«, lautet die Antwort des raunenden Riesen. »Andere besorgten das für Sie...«

Rückblende.

Weit in der Vergangenheit, als es noch kein Fernsehen gab. Eine arme Familie ist im Begriff, auf die Straße gesetzt zu werden. Des Vaters Brust hebt und senkt sich in stummer Verzweiflung, der Mutter lautes Schluchzen dringt herzzerreißend durch den Raum. Ein kleines Kind mit einem kleinen Wagen steht verloren in der leeren Zimmerecke. Plötzlich nimmt der kräftig ge-

baute Junge einen Anlauf und springt den grausamen Hausherrn an, dem daraufhin die Brillengläser zu Boden fallen. Das wohlgeformte Kind zertrampelt sie.
Von alledem sieht Boulanger natürlich nichts, weil er sich ja auf dem Bildschirm befindet und nicht im Fauteuil. Er hat also keine Ahnung, aus welchen tiefen psychologischen Ursachen die Hände des Riesen sich jetzt um seine Kehle schließen und ihn in den seligen Herrn Boulanger verwandeln. Seine Brillengläser fallen zu Boden. Schon sind sie zertrampelt. Bravo. Wir alle stehen auf der Seite des Mörders. Ein Blutsauger weniger. Am liebsten würden wir dem bärtigen Riesen anerkennend auf die Schulter klopfen und sagen: »Gut gemacht, alter Junge!« Jedoch ...
Jedoch: was ist mit Valerie?
Valerie scheint eine alberne Ziege zu sein. Man kennt diesen Typ. Statt ihrem Retter zu danken, stürzt sie aus dem Zimmer und die Stiegen hinauf, wobei sie kleine hysterische Schreie ausstößt. Schweratmend folgt ihr der Koloß. Was will er von ihr? Unser Gerechtigkeitssinn sträubt sich. Bei aller Anerkennung seines menschlichen Vorgehens dem Hausherrn gegenüber – dieses Mädchen trägt ja nicht einmal eine Brille. Er brauchte sich also nicht mit ihr abzugeben.
Valerie erreicht das Zimmer ihres kranken Vaters und schlüpft durch die Tür, die sie von innen versperrt.
»Ich habe ihn gesehen«, keucht sie. »Den Mörder ... das Monstrum ... Boulanger ... tot ... endlich ... entsetzlich ... Telephon ... Polizei ...«
So sind die Weiber. Noch vor wenigen Augenblicken hat dieser Mann sie vor dem Schlimmsten bewahrt – und jetzt liefert sie ihn dem Auge des Gesetzes aus.
Der knochige Finger des Vaters zittert in Großaufnahme, als er die Wählscheibe dreht. Von draußen pumpert der verratene Mörder an die Türe. Er hört zum

Glück jedes Wort, das drinnen gesprochen wird. Spute dich, Freund, sonst ist es aus mit dir...
»Hallo«, röchelt der sieche Vater in die Muschel. »Polizei? Kommen Sie rasch! Der Mörder! Meine Tochter hat den Mörder gesehen...«
Im Hauptquartier lauscht angespannt Inspektor Robitschek. Der Vater setzt die Life-Übertragung fort:
»Er wird die Tür eintreten... Es ist keine Zeit zu verlieren... Gott helfe uns allen... Ende der Durchsage.«
Der niederträchtige Denunziant legt den Hörer auf. Inspektor Robitschek ruft nach Gérard. Ein überfülltes Polizeiauto saust mit heulenden Sirenen an den Tatort.
36 Polizisten und 4 Detektive gegen einen einzigen, einsamen Mörder – ist das fair? Warum kämpfen sie's nicht Mann gegen Mann aus?
In rücksichtslosem Tempo nimmt das Polizeiauto seinen Weg durch den Bildschirm. Plötzlich – Peng. Die Türe hat nachgegeben. Langsam, mit schweren, unheildrohenden Schritten kommt der Riese auf Valerie zu. Offenbar will er die peinliche Geschichte jetzt endlich zum Abschluß bringen. Das kann man verstehen. Wir alle sind rechtschaffene, gesetzestreue Bürger, aber unter den gegebenen Umständen würden wir ebenso handeln.
Der Vater, dieser unsympathische Spielverderber, versucht abermals zugunsten seiner Tochter zu intervenieren. Es muß ihm vollkommen entfallen sein, daß Boulanger ihn auf die Straße setzen wollte. Sinnloser Haß gegen den bärtigen Riesen trübt seinen Blick.
Der Riese hebt einen Sessel hoch und läßt ihn auf den Kopf des Verräters niedersausen. Recht so. Ein wohlverdientes, ein passendes Ende. Und nun zu Miss Côte d'Azur II. Wo steckt sie denn? Dort in der Ecke.

Die Pranke des Riesen nähert sich ihrer Kehle ... zwanzig Zentimeter ... acht ... sechs ... vier ... zwei ...
Machen wir einen raschen Überschlag. Einerseits ist das Mädchen unschuldig, denn nicht sie, sondern ihr seliger Herr Papa hat die Polizei verständigt. Anderseits: an wen soll sich Gustl in seinem gerechten Zorn jetzt halten? Wo die Polizei immer näher kommt. Was würden Sie an seiner Stelle tun? Eben. Die Tochter muß sterben. Das verlangt die gnadenlose Sendezeit. So ist das Leben.
Ein Zentimeter ...
Plötzlich Scheinwerfer – Sirenengeheul – Trillersignale: die Polizei hat das Haus umstellt. Tausende von Polizisten wirbeln durcheinander. Mit kühnem Sprung setzt der Riese zum Fenster hinaus und aufs Dach, just als Gérard ins Zimmer platzt. Valerie, die hysterische Ziege, sinkt ihm in die Arme. Inspektor Robitschek entsichert den Revolver und schickt sich an, das Dach zu erklettern. Die gesamte Polizeitruppe Frankreichs folgt ihm, mit Maschinengewehren und leichter Feldartillerie ausgerüstet. Unten biegen die ersten Panzerwagen um die Ecke.
Sollten wir bisher noch gezögert haben – jetzt schwenken unsere Sympathien eindeutig zu Gustl. Ein rascher Blick auf die Armbanduhr: 0 Uhr 55. Der Blick ins Programm zeigt: Letzte Nachrichten um 1 Uhr 45. Ausgezeichnet. Denn man weiß, daß die Gerechtigkeit immer erst in den letzten Minuten triumphiert.
Mühsam schiebt sich Gustl über die Dachschindeln. Robitschek und seine Legionen schließen den Ring und bringen ihre Flammenwerfer in Stellung. Was haben diese erbärmlichen Bürokraten gegen den armen Gustl? Gewiß, er hat gemordet, niemand bestreitet das. Aber warum? Doch nur, weil seine Eltern von Boulangers Großpapa auf die Straße gesetzt wurden. Das ist ein

zwingender, für jedes menschlich fühlende Herz verständlicher Grund. Wer unserm Gustl ein Haar krümmt, soll sich vorsehen!
Inzwischen hat Gérard, der geschniegelte Geck, Valerie von allen Seiten umzingelt. Ein feiner Herr! Hat nichts Besseres zu tun, als seiner Lüsternheit zu frönen, während es ringsumher von Kommandos, Dschungelattakken und Froschmännern wimmelt.
Aber, hoho, noch ist nicht aller Tage Abend. Im Fensterrahmen erscheinen die Umrisse eines vertrauten Gesichts. Gustl ist wieder da. Er hat die gesamte Interpol abgeschüttelt und ist zurückgekehrt, um seine Rechnung mit der verräterischen Ersatz-Schönheitskönigin zu begleichen. Gérard springt zur Seite – seine Hand zuckt nach der Revolvertasche – aber da hat sich Gustl schon auf ihn gestürzt. Der Kampf beginnt. Alle Griffe sind erlaubt. Zeig's ihm, Gustl. Nur keine Hemmungen. Du kämpfst für eine gerechte Sache.
So. Das wär's. Gérard segelt durch die Luft und zum Fenster hinaus. Adieu, Freundchen. Einen schönen Gruß an die Kollegen.
Und jetzt wollen wir noch rasch die Sache mit Valerie in Ordnung bringen, damit Gustl endlich ausspannen kann. Wir nähern uns – das heißt – Gustl nähert sich dem Mädchen. Bis auf drei Zentimeter ... bis auf einen Zentimeter ...
In unserem Unterbewußtsein regt sich das unerfreuliche Gefühl, daß es auch diesmal nicht klappen wird.
Natürlich nicht. Es ist 1 Uhr 27. An der Spitze einer senegalesischen Kavalleriebrigade erstürmt Inspektor Robitschek das Zimmer. Der arme Gustl kommt nicht zur Ruhe. Mit einem Panthersatz erreicht er die Treppe, stürzt hinunter, bricht eine entgegenkommende Wohnungstür auf – ein verschrecktes altes Ehepaar stellt sich ihm in den Weg – der Greis will ihn am Mantel festhal-

ten – laß das doch, Opa, das ist nicht deine Sache – und schrumm! schon saust Gustls Pranke auf das Haupt des Patriarchen nieder. Das hat er davon. Ein weiteres Hindernis beseitigt. Mach rasch, Gustl. Die Bluthunde sind dir auf den Fersen.
Robitschek, der rücksichtslose Karrierist, schleudert eine Tränengasbombe ins Zimmer. Gustl leidet. Er leidet entsetzlich. Er hat seit Beginn des Films mindestens fünf Kilo abgenommen. Auch ich zermalme mein letztes Popcorn.
Ein Blick auf die Uhr. Noch zehn Minuten. Jetzt ist es bald soweit, daß ein Verbrechen nichts einbringt. Das Ende naht. Nun ja. Gustl, formal und dogmatisch betrachtet, ist ein Mörder, das wissen wir. Trotzdem: in menschlicher Hinsicht ist er ein Charakter aus purem Gold. Außerdem hat man ihn in eine unmögliche Zwangslage gebracht. Den Patriarchen hätte er vielleicht nicht umbringen müssen, aber da war er halt schon sehr nervös. Kein Wunder. Halt dich, Gustl. Es ist klar, daß du auf dem Altar der Zensur geopfert werden mußt, aber wehr dich wenigstens, solange du kannst. Schlag das Fenster ein, dann bekommst du Luft...
Der tückische Robitschek hat durch die Türe gefeuert, und eine der Revolverkugeln wurde von Gustl aufgefangen. Über dem leblos hingestreckten Körper des Giganten führt Robitschek buchstäblich einen Freudentanz auf... beugt sich siegestrunken zu ihm hinab...
Hurra! Ich höre es gleichzeitig aus dem Kinderzimmer jubeln. Gustl hat den schmierigen Wurm gepackt und an die Wand geklebt. Er ist einfach phantastisch. Der geborene Taktiker. Die tödliche Verwundung war nur gespielt.
Schon ist er aufgesprungen, schon schwingt er sich durchs Fenster...
Vielleicht werden wir jetzt zu Zeugen einer unerhörten,

einer historischen Wendung. Vielleicht wird, zum ersten Mal in der Fernsehgeschichte, der kleine Verbrecher davonkommen, vielleicht geschieht ein Wunder und er ist gar nicht der wirkliche Mörder – nicht er, sondern Boulanger – er ist Valeries Stiefvater...
Klak-klak-klak-klak-klak.
Natürlich. So mußte es kommen. Eine Maschinengewehrsalve hat ihn niedergestreckt. Großartig. Wirklich ein großartiger Erfolg. Die Armee der Grande Nation hat einen unbewaffneten Mann überwältigt. Gustl liegt im Rinnstein. Trompetensignale aus der Ferne. Wahrscheinlich die Marseillaise.

FIN

Ich drehe den Apparat ab und vernichte die letzten Popcornbrösel. Es gibt nichts Langweiligeres als die triumphierende Gerechtigkeit.

Nun aber zu den Serien, die in Serie erzeugt werden. Leidgeprüfte TV-Profis wissen genau, daß es nichts Gefährlicheres gibt, als, wenn auch nur aus reiner Neugier, in eine einzige Folge hineinzuschauen. Das ist der sicherste Weg in eine mehrjährige Gefangenschaft. Ich habe einmal diese eiserne Regel mißachtet und so einen wesentlichen Teil meiner Jugend

auf das gewaltige Fernsehprogramm »Die Forsyte Saga« vergeudet.
Was für spannungsreiche Wochen, als die Geschichte dieser strapaziösen BBC-Familie vor uns abrollte, und als ich mich nacheinander mit jedem einzelnen ihrer Mitglieder problemlos identifizieren konnte! Es war ein schwerer Fehler von unseren arabischen Nachbarn, ihren Überraschungsangriff im Yom-Kippur-Krieg nicht in jener Nacht zu starten, in der die Vergewaltigung der betörenden Irene durch den gierigen Soames stattfand; sie hätten ein völlig gelähmtes Israel vorgefunden. Aber wahrscheinlich haben auch die Ägypter zugeschaut.

Ein schwerer Fall von Seriensucht

Wir waren in der x-ten Folge.
»Wer ist das?« fragte ich. »Ist das der Mann, der die Bücher von Fleurs Gatten gestohlen hat?«
»Dummkopf«, antwortete die beste Ehefrau von allen. »Es ist der Cousin Winifreds, der Gattin Monts.«
»Die vom Pferd gefallen ist?«
»Das war Frances, Joans Mutter. Halt' den Mund.«
Jeden Freitag sitzen wir den Forsytes gegenüber, auch Amir, der schon längst im Bett sein sollte, und jeden Freitag verstricke ich mich ausweglos im Gezweig ihres Stammbaums. Letztesmal, zum Beispiel, hatte ich die ganze Zeit geglaubt, der Maler des neuen Modells sei der Sohn von dieser ... na, wie heißt sie doch gleich ... also jedenfalls ein Sohn, bis Amir mich belehrte, daß es sich um den Cousin von Jolyon dem Älteren handelte. Halt' den Mund.
Warum blenden sie nicht in regelmäßigen Abständen die Namen ein?

Achtung. Fleurs Gatte hält eine Rede im Unterhaus, und ich habe keine Ahnung, ob er der Sohn der vor fünf Wochen von Soames vergewaltigten Irene ist oder nicht. Obendrein dringen aus dem Zimmer unseres neu angekommenen Töchterchens Renana verdächtige Geräusche und laute Seufzer. Es ist ein wahrer Alptraum. Vielleicht hat sich das Baby in der Wiege aufgestellt und trainiert Akrobatik. Wenn sie nur nicht herunterfällt. Entsetzlicher Gedanke. Kalter Schweiß tritt mir auf die Stirn, und meiner Frau geht es nicht anders.

»Wer ist das?« frage ich aufs neue. »Ich meine den jungen Mann, der sich in Fleur verliebt hat?«

Irgendwo in der abgedunkelten Wohnung schrillt das Telefon. Niemand rührt sich. Mit Recht. Wer während der Forsyte Saga anruft, hat sich aus dem Kreis der zivilisierten Menschheit ausgeschlossen. Vor drei Wochen wurde mir kurz nach Beginn der damaligen Fortsetzung ein Kabel zugestellt. Der Botenjunge mußte zehn Minuten lang läuten. So lange dauerte das Gespräch zwischen Soames und Irene. Es drehte sich um Joans Verlobung, wenn ich nicht irre.

»Ruhe!« brülle ich in Richtung der Türe, hinter der sich die akustische Störung erhoben hatte. »Ruhe! Forsyte!«

Und ich konzentriere mich wieder auf den Bildschirm.

Plumps! Das ominöse Geräusch eines zu Boden fallenden Körpers dringt aus Renanas Zimmer, gefolgt von lautem Weinen. Kein Zweifel: Renana ist aus der Wiege gefallen.

»Amir!« Meine Stimme zittert in väterlicher Besorgnis. »Schau nach, was passiert ist, um Himmels willen!«

»Wozu?« antwortet ruhig mein Sohn. »Sie ist doch schon heruntergefallen.«

Eine Schande. Dieses blödsinnige Fernsehen ist ihm wichtiger als seine leibliche Schwester. Auch seine Mutter läßt es bei einem verzweifelten Händefalten bewen-

den. Auf dem Bildschirm streitet Soames mit einem jungen Anwalt, den ich nicht kenne.
»Und wer ist *das* schon wieder? Ist er mit Helen verwandt?«
»Mund halten!«
Der Lärm, den wir jetzt hören, kommt aus unserem ehelichen Schlafgemach. Es klingt, als würden schwere Möbel verschoben und Glasscheiben zerschlagen.
Der junge Anwalt kann unmöglich Helens Sohn sein. Der wurde ja schon vor drei Fortsetzungen überfahren. Nein, das war gar nicht er. Das war der Architekt Bossini, der damals unter die Räder kam.
»Jetzt will ich aber endlich wissen, wer das ist! Könnte es Marjories Bruder sein?«
»Sie hat keinen Bruder«, zischt die Mutter meiner Kinder. »Schau nach rechts!«
Ich warte, bis das Bild abblendet, dann werfe ich einen Blick in die angezeigte Richtung. Dort steht ein Mann. Er steht ganz ruhig, über dem Gesicht eine Maske und auf dem Rücken einen Sack, der sichtlich mit verschiedenen Gegenständen gefüllt ist.
In einem Wandelgang des Parlaments bekam Michael Mont, der Gatte Fleurs, soeben ein paar Ohrfeigen.
»Wer ist das, der ihn ohrfeigt?« fragt der Mann mit dem Sack. »Vielleicht Winifreds Gatte?«
»Machen Sie sich nicht lächerlich«, antworte ich. »Winifreds Gatte ist doch schon längst mit dieser Schauspielerin nach Amerika durchgebrannt. Mund halten.«
Mittlerweile war Soames wieder an den jungen Anwalt geraten, der ihm Saures gab.
»Was dieser arme Mensch leiden muß!« Ein Seufzer meiner Frau klang mitleiderregend durch die Dunkelheit. »Alle treten auf ihm herum.«
»Er braucht Ihnen nicht leid zu tun«, sagt eine männli-

che Stimme. »Erinnern Sie sich nur, wie schlecht er sich damals Irene gegenüber benommen hat. Wer ist das?«
»Mund halten.«
Jetzt stehen bereits zwei Männer mit Säcken da.
»Setzen!« rufe ich. »Wir sehen nichts!«
Die beiden lassen sich auf dem Teppich nieder. Meine Ehe- und Fernsehgefährtin beugt sich nahe zu mir:
»Was geht hier vor?« flüstert sie. »Wer ist das?«
»Annes Bruder«, antwortet einer der beiden. »Johns zweite Frau. Pst!«
Jetzt sprechen die beiden miteinander, was gleichfalls störend wirkt. Meine Frau gibt mir durch nervöse Handzeichen zu verstehen, daß ich etwas unternehmen soll, aber das kommt unter den auf dem Bildschirm gegebenen Umständen nicht in Frage. Erst als die Haushälterin der Cousine von Soames' Schwester erscheint, eine ältliche, reizlose Person, die mich nicht weiter interessiert, schleiche ich in die Küche, um die Polizei anzurufen. Ich muß minutenlang warten. Endlich wird der Hörer abgehoben und eine verärgerte Stimme sagt:
»Wir sind beschäftigt. Rufen Sie in einer Stunde wieder an.«
»Aber in meinem Wohnzimmer sitzen zwei Räuber!«
»Hat Forsyte sie gefangen?«
»Ja. Kommen Sie sofort.«
»Nur Geduld«, sagt der diensthabende Wachbeamte. »Wer ist das?«
Ich gebe ihm meinen Namen samt Adresse.
»Sie habe ich nicht gemeint. Bewahren Sie Ruhe, bis wir kommen.«
Ich eile zur Saga zurück.
»Habe ich viel versäumt? Ist das Jolly, Hollys Bruder?«
»Trottel«, weist mich der größere der beiden Räuber

zurecht. »Jolly ist in der zweiten Fortsetzung an Typhus gestorben.«
»Dann kann es nur Vic sein, der Cousin des Nacktmodells.«
»Vic, Vic, Vic...«
Das Quaken kommt von unserem Töchterchen Renana, die auf allen vieren aus ihrem Zimmer hervorkriecht und mein Fauteuil zu erklimmen versucht. Draußen wird eine Polizeisirene hörbar. Einer der Räuber will aufstehen, aber in diesem Augenblick betritt Marjorie das Spital und steht gleich darauf Fleur gegenüber, von Angesicht zu Angesicht, am Bett eines Patienten, der zweifellos ein Familienmitglied ist, ich weiß nur nicht, welchen Grades. Die Spannung wird unerträglich.
Jemand klopft wie verrückt an unsere Tür.
»Wer ist das?« frage ich. »Ist das der, den sie nach Australien schicken wollten?«
»Das war Irenes Stiefvater. Mund halten.«
Die Tür wird eingebrochen. Ich habe das dunkle Gefühl, daß hinter unserem Rücken einige Polizisten hereinkommen und sich an der Wand aufstellen.
»Wer ist das?« fragt einer von ihnen. »Hollys Gatte und Vals Frau?«
»Bitte, meine Herren –!«
Nach einigem Hin und Her lehnt Fleur die ihr angebotene Versöhnung mit Marjorie ab und geht nach Hause, um Annes Bruder zu pflegen. Fortsetzung nächste Woche.
»Nicht schön von Fleur«, läßt der Polizeisergeant sich vernehmen. »Das war doch eine sehr menschliche Geste von Marjorie.«
Seine Mannschaft machte keinerlei Geheimnis daraus, daß sie auch in diesem Punkt auf seiner Seite waren: Fleur hätte sich wirklich mit ihr versöhnen können.«

»Wie kann man sich am Sterbebett des eigenen Bruders so herzlos benehmen?«
Von der Türe her widerspricht einer der Räuber:
»Wenn Sie's unbedingt wissen wollen, Marjorie ist eine Erpresserin.
»Außerdem«, bemerkte sein Kollege, »war das gar nicht ihr Bruder.«
»Natürlich«, korrigierte sich der erste Kriminelle, »es war Bicket, der Mann von Vic. Er hat die Detektive engagiert.«
»Bicket«, rufe ich den gemeinsam abgehenden Gesetzeshütern und -brechern nach, »ist vor zwei Wochen in den Fernen Osten abgereist!«
»Abgereist ist Wilfred, wenn du nichts dagegen hast«, korrigiert mich mit tiefer Abscheu die beste Ehefrau von allen.
Sie hat's nötig!
Wo sie doch zwei Fortsetzungen hindurch eine lächerliche Figur abgab, weil sie der Meinung war, daß Jolyon jr. auf der Straße Luftballons verkauft hatte, ehe er in den Burenkrieg zog. Noch heute erinnere ich mich ganz genau – ein Luftballon war grün, zwei waren gelb und der vierte hellblau, oder war das in einer ganz anderen Serie? Und wer zum Teufel war dieser Jolyon jr.?

Ja, ich ... ich ... ich hab' ... es erlebt ...

J. R. HÖCHSTPERSÖNLICH

Ich habe J. R. aus Dallas persönlich gesehen. Bei J. R., ich habe ihn gesehen! Und zwar anläßlich der Filmfestspiele, wo J. R. Ehrengast war. Ich habe J. R. sogar berührt. Genaugenommen zweimal. Einmal mit dem Zeigefinger der linken Hand, als J. R. sich an der Menschenschlange vor dem Kino vorbeidrängte, und ein zweites Mal mit meiner rechten Hand, als ich J. R. später auf der Cocktailparty vorgestellt wurde: »J. R.«, sagte jemand zu J. R., »das ist einer Ihrer Bewunderer.« J. R. lächelte sehr höflich und stellte sich ebenfalls vor. Allerdings nicht als J. R. Er nannte einen anderen Namen, der so ähnlich wie Fachmann klang. Ich versicherte J. R., daß ich noch nie eine Dallas-Folge versäumt hätte, und J. R. schien gerührt. Anscheinend hörte er nicht allzu oft derartige Komplimente.

Danach hielt J. R. eine Rede und erzählte uns einiges von J. R. Das Publikum jubelte und klatschte wie wild. Und zwar im Rhythmus von »Dsche! Dsche! Dsche-dsche-ahr!« J. R. lächelte, während einige Schweißperlen auf seiner Stirn hervortraten. Auf dem Platz vor dem Kino gab es keine Klimaanlage.

Dann wurde J. R. auf der Bühne, die mit bezaubernden, leicht hitzegeschädigten, künstlichen Blumen dekoriert war, willkommen geheißen, und zwar von neunzehn verschiedenen öffentlichen Rednern. Jeder einzelne ein erklärter Dallas-Fan. Sie teilten J. R. mit, daß sich »unsere Stadt zutiefst geehrt fühle, J. R. höchstpersönlich in ihren Mauern beherbergen zu dürfen.«

Dann aber erschien Seine Exzellenz, der Minister, und

erzählte eine lustigte Geschichte über J. R., die ihm J. R. vorher erzählt hatte. Er erzählte die lustige Geschichte auf englisch, damit sie J. R. auch verstehen konnte. J. R. lachte besonders herzlich. Sie hat ihm gefallen.

Nach den Reden kam irgendein Kulturreferent. Er wollte ein Autogramm von J. R. haben mit dem Zusatz: »Alles Liebe für die kleine Daniela von J. R.« J. R. kritzelte im Stehen auf eine Papierserviette: J. R.

Anschließend nahm J. R. seinen Ehrenplatz ein, um das Filmfestival zu genießen. Es begann mit einem geologischen Dokumentarfilm. Der Haken war nur, daß die Geologen kroatisch sprachen, was vielleicht J. R.s Vergnügen ein wenig getrübt haben mag. Jedenfalls wirkte J. R. nach dreieinhalb Stunden Dokumentarfilm leicht erschöpft. Es gelang ihm aber noch immer, freundlich zu lächeln, während das Publikum J. R. mit den Fingern berührte und J. R. mit schmeichelhaften Äußerungen überschüttete wie: »Hallo, J. R.! Hast du uns ein bißchen Öl mitgebracht, J. R.?« Und dazu klatschten sie wie verrückt, vermutlich in der Hoffnung, daß J. R. ihnen eine Nummer aus Dallas vorführen würde.

Dann aber wurden im Garten Cocktails gereicht, und die Hautvolee des Staates aß ihre Käse- und Schinkensandwiches so nahe bei J. R. wie nur irgend möglich, denn die Leute vom Fernsehen waren nur für J. R. gekommen, und jedermann wußte, wo immer sich J. R. befand, gäbe es eine Chance, in die Spätnachrichten zu kommen.

Ein Stadtrat küßte J. R., und seine Schwiegertochter machte ein Foto mit Blitzlicht. Da hatte es dieser unverschämte Kerl doch tatsächlich geschafft, einen Schnappschuß in inniger Umarmung mit J. R. zu kriegen.

Eine alte Dame hing den ganzen Abend an J. R.s Ärmel und erzählte ihm immer wieder, wie glücklich sie sei, daß J. R. endlich aus dem Krankenhaus von Dallas entlassen worden sei, und ob er, nämlich J. R., immer noch große Schmerzen habe. J. R. begann schwer zu atmen. Außerdem begann J. R. nach den Veranstaltern zu suchen, die ihn eingeladen hatten, aber er konnte sie nicht ausfindig machen. Die Leute applaudierten ohne Unterlaß und riefen: »Ist er nicht Klasse, dieser verfluchte Teufelskerl?«

Was mich betrifft, so wurde ich J. R. persönlich vorgestellt: »J. R.«, sagte jemand, »das ist einer Ihrer Bewunderer«, aber ich glaube, das habe ich schon erzählt. Jedenfalls war es ungeheuer interessant, ihn persönlich zu sehen, diesen, wie heißt er nur, J. R. Er sieht genauso aus wie in Dallas. Aber im wirklichen Leben ist er noch mehr J. R. als J. R. selbst.

Ich bin noch immer außer mir. Wegen J. R.

Unter uns gesagt, da gab es einen fast historischen Augenblick, wo ich nahe daran war, J. R.s Taschentuch zu stibitzen, aber im letzten Moment scheute ich davor zurück.

Gott sieht alles. Außer Dallas.

Es gibt allerdings auch Sendungen mit niedriger Einschaltquote und hohem Niveau: Es sind die Dokumentarfilme, die die Menschheit auf dem laufenden halten.

Und wenn überraschend etwas ganz Spektakuläres passiert, sind die stets wachsamen Fernsehleute nach einigen Minuten zur Stelle. Gelegentlich kommen sie sogar einige Wochen zu früh, um die Überraschung auch fachmännisch aufzubereiten.

Der nostalgische Bildschirm

Die Festlichkeiten anläßlich des Jubiläums zum 16jährigen Bestehen der Siedlung Roter Stern wurden von der Fernsehredaktion mit größtem Interesse verfolgt. Der Ministerpräsident kündigte nämlich seinen Besuch in der ehrwürdigen Veteranensiedlung an.
Nachdem diese Ankündigung offiziell bestätigt worden war, begannen die Vorbereitungen für die historische Sendung. Alles ging gut – bis Munik Rokotowsky sich einschaltete. Munik Rokotowsky, eines der ältesten Mitglieder der alten Siedlung, kündigte seinerseits an, daß er die Gelegenheit nützen würde, seinen Lebenstraum zu verwirklichen und den Ministerpräsidenten zu küssen.
»Vor den Augen des ganzen Landes«, so erklärte er leuchtenden Auges, »wird er einen Kuß von mir bekommen, daß er vor Freude einen Luftsprung macht.«
Wie schon angedeutet, war Rokotowsky ein Siedlungsveteran. Als solcher hatte er bei den Feiern zweifellos Anspruch auf einen Platz in nächster Nähe der Kameras. Seine Absicht verbreitete jedoch ein gewisses Unbehagen, und das Organisationskomitee lud ihn zu einer Besprechung ein:
»Genosse Rokotowsky – es kursieren Gerüchte, daß du den Ministerpräsidenten vor laufender Kamera küssen willst. Willst du das wirklich?«

»Und wie!« bestätigte Rokotowsky. »Kaum daß ich ihn sehe, schmatze ich ihm einen Kuß auf die Wange!«
»Hast du schon darüber nachgedacht, Genosse Rokotowsky, ob das dem Ministerpräsidenten auch recht sein wird?«
»Was ist das für eine Frage?« Rokotowsky war befremdet. »Warum soll es ihm nicht recht sein? Schließlich haben wir beide vor fünfzig Jahren gemeinsam auf einer Zitrusplantage gearbeitet. Meine Baracke war die dritte links um die Ecke von der seinen. Ich sage euch, er wird außer sich sein vor Freude, wenn er mich sieht!«
Auf der nächsten Sitzung des Gemeinderats wurde die delikate Angelegenheit zur Sprache gebracht und führte zu heftigen Debatten. Ein anderer Siedlungsveteran namens Jubal warf den Mitgliedern des Rates vor, daß sie mit dieser überregionalen Sendung nur ihre persönliche Machtposition stärken wollten und daß sie Vetternwirtschaft betrieben.
»Wenn Rokotowsky ihn küßt«, drohte Jubal, »dann küß ich ihn auch!«
»Genossen! Genossen!« Der Vorsitzende schlug mit beiden Fäusten so lange auf den Tisch, bis Ruhe eintrat. »Das hat keine Zweck! Wir müssen abstimmen!«
Munik Rokotowsky wurde mit einer Majorität von vier Stimmen zum offiziellen Ministerpräsidentenküsser bestellt. Um jedes Risiko auszuschließen, sandte der Gemeinderat den folgenden Brief eingeschrieben an die Programmdirektion:
»Werte Genossen! Wir haben die Ehre, Euch mitzuteilen, daß Munik Rokotowsky, ein Mitglied unserer Siedlung, sich mit der Absicht trägt, den Ministerpräsidenten anläßlich seines Besuchs bei den Feiern zum 16jährigen Bestehen der Siedlung Roter Stern zu küssen. Der Gemeinderat hat diese Absicht nach kurzer Debatte gutgeheißen, machte jedoch den Genossen Rokotowsky

darauf aufmerksam, daß auch der Rundfunkrat seine Zustimmung erteilen müßte. Wir bitten Euch deshalb, werte Genossen, um Bekanntgabe Eures Standpunktes und gegebenenfalls um die nötigen technischen Instruktionen.
In der Hoffnung, daß die oben erwähnte Absicht eines alten Siedlungs- und Parteimitglieds auf keine Hindernisse stoßen wird, verbleiben wir,

für den Gemeinderat der Siedlung Roter Stern«
(Unterschriften)

Zwei Wochen später kam die briefliche Zustimmung des Rundfunkrats. »Der Ministerpräsident«, so hieß es in dem Schreiben, »kann sich zwar an einen Genossen des Namens Rokotowsky nur sehr dunkel erinnern, möchte aber angesichts der Gedenksendung den emotionalen Aspekten der Angelegenheit Rechnung tragen.« Im weiteren Verlauf des Schreibens wurde hervorgehoben, daß der Kuß in einmaliger, kultivierter und würdiger Form zu erfolgen habe, am besten, wenn der Ministerpräsident seinen Wagen verlassen würde, um sich in das Verwaltungsgebäude der Siedlung zu begeben. Bei dieser Gelegenheit sollte Genosse Rokotowsky aus dem Spalier der jubelnden Dorfbewohner ausbrechen und den geplanten Kuß auf die Wange des Ministerpräsidenten und Verteidigungsministers drücken, wobei er ihn auch kameradschaftlich umarmen könne; doch sollte diese Umarmung keinesfalls länger als 30 Sekunden dauern. Aus Sicherheitsgründen erbitte man ferner die Übersendung von vier Aufnahmen Rokotowskys in Paßformat sowie Ausstellungsdatum und Nummer seines Personalausweises.
Der Brief wurde von der Einwohnerschaft der Siedlung Roter Stern mit großer Befriedigung zur Kenntnis genommen, da er der bevorstehenden Sendung eine nicht

alltägliche persönliche Note sicherte. Der einzig Unzufriedene war der Vater des Gedankens, Munik Rokotowsky:
»Was heißt das: dreißig Sekunden? Warum nur dreißig Sekunden? Wo man doch für jedes lächerliche Fußballspiel eineinhalb Stunden verschleudert. Wofür halten die mich? Und was, wenn der Präsident mich nicht losläßt und mich vor lauter Freude immer aufs neue umarmt?«
»Es sind technische Maßnahmen«, erklärte man ihm. »Sie beruhen auf langjähriger Erfahrung und sind in jedem Detail gründlich überlegt. Die Zeiten haben sich geändert, Genosse Rokotowsky. Wir leben in einem neuen Medienzeitalter, nicht mehr unter türkischer Herrschaft wie damals.«
»Gut«, antwortete Rokotowsky. »Dann eben nicht.«
»Was: eben nicht?«
»Dann werde ich den Präsidenten eben nicht küssen. Wir haben auf derselben Zitrusplantage gearbeitet, meine Baracke lag um die Ecke von der seinen, die dritte von links, vielleicht sogar die zweite. Wenn ich einen alten Freund nicht vor den Kameraden umarmen kann, wie ich will, dann eben nicht.«
»Nicht? Was heißt nicht? Wieso nicht?« drang es von allen Seiten auf den starrköpfigen Alten ein. »Wozu haben wir uns beim Fernsehen um die offizielle Bewilligung für dich bemüht? Wie wird das jetzt ausschauen? Der Ministerpräsident steigt aus, will geküßt werden, und niemand ist da, der ihn küßt?!«
Die Erregung der Verantwortlichen war begreiflich. Hatten sie doch der Presse gegenüber schon Andeutungen durchsickern lassen, daß es beim bevorstehenden Besuch des Ministerpräsidenten, der »ganz bestimmte sentimentale Hintergründe« hätte, zu einem sehr »ungewöhnlichen Fernseh-Auftritt« kommen könnte . . .

Die Blamage wäre nicht auszudenken.
»Küß ihn, Munik, küß ihn!« beschwor man ihn. »Wenn du ihn nicht küßt, dann lassen wir ihn von einem andern küssen, du wirst schon sehen.«
»Gut«, sagte Munik Rokotowsky. »Dann küßt ihn eben ein anderer.«
Es war nichts zu machen mit Rokotowsky. Er schloß sich in seine Wohnung ein, er kam auch nicht zu der Sondersitzung, auf der sein Fall stürmisch diskutiert wurde.
Genosse Jubal beanspruchte den freigewordenen Fernsehkuß für sich, da er alters- und siedlungsmäßig unmittelbar auf Rokotowsky folgte. Der Vorsitzende plädierte für das Los. Andere Ratsmitglieder schlugen vor, einen erfahrenen Küsser von auswärts kommen zu lassen. Nach langen Debatten einigte man sich auf einen weiteren Brief an die Programmdirektion.
»Werte Genossen! Aus technischen Gründen, die sich unserer Einflußnahme leider entziehen, müssen wir auf die für den Besuch des Ministerpräsidenten vorgesehene Kußszene mit dem Genossen Rokotowsky verzichten. Da jedoch unsere fieberhaften Vorbereitungen für diese Sendung, der die gesamte Bewohnerschaft unserer Siedlung freudig und erwartungsvoll entgegensieht, schon sehr weit vorangeschritten sind, bitten wir Euch, uns bei der Wahl eines neuen Kußkandidaten behilflich zu sein. Selbstverständlich würde sich der neue Kandidat streng an die Instruktionen halten...«
Wenige Tage später erschien ein renommierter Dokumentarfilmregisseur, der sofort seine Sichtungs- und Siebungstätigkeit aufnahm und zunächst alle Hochgewachsenen und alle Schnurrbartträger aus der Liste der Kandidaten strich. Schließlich entschied er sich für einen freundlichen, gedrungenen, recht telegenen Mann mittleren Alters, der zufällig mit dem Sekretär

der örtlichen Parteileitung identisch war. Auf einer Generalkarte der Siedlung Roter Stern wurde dann der Weg, den das Auto des Ministerpräsidenten und anschließend er selbst nehmen würde, genau eingezeichnet; eine gestrichelte Linie markierte den Weg, den der begeistert aus dem Spalier Ausbrechende bis zur Wange des Ministerpräsidenten zurücklegen würde. Sowohl der Ausbruchspunkt als auch der Punkt der Kußszene wurden für das Kamerateam rot eingekreist.

Am Vortag der Festlichkeiten fanden mehrere Stellproben statt, um einen reibungslosen Ablauf zu garantieren. Besonders sorgfältig probte man die Intensität der Umarmung, da ja die Statur und das Alter des Ministerpräsidenten zu berücksichtigen waren. Das Problem der Zeitdauer wurde dadurch gelöst, daß der Küsser leise bis 29 zählen und bei 30 den Ministerpräsidenten unverzüglich loslassen sollte. Hier erwies sich die Hilfe des Regieassistenten als überaus wertvoll. Er sorgte auch für die Hintergrundbewegung und für die richtige Plazierung der Pressefotografen, damit sie zum fraglichen Zeitpunkt die Sonne im Rücken hätten.

Dank dieser sorgfältigen Planung ging die Zeremonie glatt vonstatten. Der Ministerpräsident traf mit seinem Gefolge kurz nach elf ein, entstieg an der zuvor fixierten Stelle seinem Wagen und wurde auf dem Weg zum Verwaltungsgebäude programmgemäß mit einer langen Kamerafahrt verfolgt. Hier wurde er von einem ihm Unbekannten geküßt und umarmt, wobei ihm auffiel, daß der Unbekannte die Umarmung mit den Worten: »Achtundzwanzig – neunundzwanzig – aus!« beendete. Der Ministerpräsident lächelte herzlich, wenn auch ein wenig verlegen und setzte seinen Weg fort, bis er auf das kleine Mädchen mit den Blumen stieß und neuer Jubel im Spalier der Siedlungsbewohner aufbrauste …

Nur ein einziger hatte an der allgemeinen Freude keinen Anteil. Munik Rokotowsky stand ganz allein im Hintergrund und konnte die Tränen nicht zurückhalten, als er den Ministerpräsidenten im Tor sah. Vor fünfzig Jahren hatten sie zusammen in derselben Zitrusplantage gearbeitet. Das war *sein* Fernsehkuß.

Im Fernsehen vermißt man trotz des Überangebots jene Geistesblitze, die in der Presse unter dem Decknamen »Spruch der Woche« oder »Wort zum Sonntag« die Leser erbauen und Zeilen füllen. Allerdings kann man gut verstehen, daß die Fernsehgewaltigen weder Oscar Wilde noch Winston Churchill oder Helmut Kohl als Pausenfüller für geistvolle Aussprüche engagieren können.

Sommerschlussverkauf der Geistesblitze

In der Presse werden die Perlen der Weisheit dem unbefangenen Leser auf den Flügeln des Genies serviert.

Unter uns gesagt, gibt es nicht den geringsten Grund dafür. Ganz im Gegenteil. Der unbefangene Leser kann nämlich ebenso geistvolle Äußerungen von sich geben, wenn er sie mit einer respektablen Quellenangabe versieht. Die Erfahrung lehrt, daß fast jedem Wort Flügel wachsen, wenn man behauptet, daß es von Bernard Shaw oder von Henry Kissinger stammt. Notfalls kann man sich auch mit Albert Schweitzer oder Zsa Zsa Gabor behelfen. Hier ein paar Beispiele:

»Das Leben ist wie ein Koffer. Er ist leicht zu tragen, solange er leer ist.« (Niccolo Machiavelli)

»Ein Chinese – Einsamkeit. Zwei Chinesen – ein Paar. Drei Chinesen – ein Problem.« (Federico Garcia Lorca)

»Was ist das Geheimnis des idealen Liebhabers? Todesfurcht vor dem Gatten.« (La Rochefoucauld)

»Eine große Frau – hinaufschauen. Eine kleine Frau – hinunterschauen.« (Persisches Sprichwort)

»Die Romantiker des Mittelalters haben das Taubenpaar zum Symbol der ewigen Liebe gewählt. Für mich persönlich bedeutet ein Taubenpaar zwei Schwerhörige.« (Walther von der Vogelweide)

»Nichts!« (Nietzsche)

»Rettet die Vögel!« (Erzbischof von Canterbury)

»Die Menschheit würde weniger Schlaftabletten brauchen, wenn man endlich die Frösche in meinem Garten umbringen würde.« (Josef Birnbaum, Tel Aviv)

Schlußfolgerung: die heutige Presse hat nichts so nötig wie einen Geistesblitzableiter.

Lebenslange Erfahrungen auf beiden Seiten der Barrikaden haben mich über eine wahrhaft erschütternde journalistische Regel belehrt: Die Qualität eines Interviews hängt nicht vom Witz und von der Weisheit des Interviewten ab, sondern vom Intelligenzgrad des Interviewers, der das Zeug zum Druck befördert. Und da hilft nichts. Außer ein höherer Intelligenzgrad. Aber wenn er ihn hätte, würde e r interviewt.
Was im folgenden zu lesen ist, stellt einen fast autobiographischen Tatsachenbericht dar (Name und Adresse wurden von der Redaktion geändert).

Authentisch bis zum letzten Wort

Das Interview, wie es stattfand

»Schalom, Herr Tola'at Shani. Entschuldigen Sie, mein Name ist Ben. Man hat mich von der Redaktion hergeschickt. Zu Ihnen. Das heißt: für ein Interview.«
»Nehmen Sie Platz, mein Junge. Ich stehe zur Verfügung.«
»Keine schlechte Bude, die Sie da haben. Höchste Klasse. Mein Ehrenwort. Unterkellert?«
»Soviel ich weiß, ja.«
»Und mit Vorgarten. Solche Hütten sind besonders teuer, nicht wahr?«
»Allerdings.«
»Ja, also. Wie gesagt. Ich soll Sie über den historischen Roman interviewen, den Sie geschrieben haben. Sie haben ihn doch geschrieben, wie?«
»Ich habe das Werk soeben fertiggestellt.«
»Großartig. Also Sie sind fertig damit. Wie heißt es?«
»Du bist aus Staub.«
»Warum duzt Du mich plötzlich?«

»Es ist der Titel meines neuen Buchs.«
»Ach so. Wird bestimmt ein Bombenerfolg. Wie alle Ihre Bücher. Sie schreiben ja lauter Bombenerfolge.«
»Ich tue mein Bestes. Ob es mir glückt, haben die Leser zu beurteilen.«
»Goldene Worte. Und warum, Herr Tola'at Shani, haben Sie diesen Staub, also diesen Roman oder was es ist, ich meine, warum haben Sie das Buch geschrieben? Gerade jetzt?«
»Bitte drücken Sie sich etwas präziser aus, mein Junge.«
»Okay. Mir kann's recht sein. Macht keinen Unterschied für mich. Ich meine, was ich wissen will: wovon handelt das Zeug?«
»Wenn ich Sie richtig verstehe, wollen Sie die Story meiner jüngsten Schöpfung kennenlernen.«
»Die Story, ganz richtig. Hab ich ja gesagt.«
»Vielleicht sollten Sie sich Notizen machen, lieber Freund.«
»Brauch ich nicht. Ich behalt's im Kopf. Alles. Auch die Story. Was ist die Story?«
»Mein Roman läßt ein Panorama menschlicher Schwächen und Leidenschaften erstehen. Er spielt im Zweiten Weltkrieg. Sein Held ist ein Soldat der Tschechischen Brigade. Die junge, hübsche Tochter des Bürgermeisters einer kleinen süditalienischen Stadt verliebt sich in ihn...«
»Weil Sie ›Soldat‹ sagen – da kommen doch bestimmt ein paar erstklassige Keilereien vor, nicht?«
»Wie bitte?«
»Keilereien. Ich meine Kämpfe.«
»Nun ja, ich beschreibe auch einige Kampfhandlungen, aber mehr nebenbei. In der Hauptsache geht es um den inneren Konflikt, den der grausame Krieg in der Seele unseres Soldaten auslöst.«

»Was heißt das – unseres Soldaten? Wessen Soldat ist er?«
»Der Soldat des Romans.«
»Das sollten Sie deutlich sagen. Also was ist los mit ihm?«
»In der Brust dieses Soldaten tobt ein Kampf zwischen seinem glühenden Patriotismus und seinen Haßgefühlen gegen die Unmenschlichkeit des Kriegs.«
»Wer gewinnt? Und was ist das für ein Bild?«
»Welches Bild?«
»Das an der Wand dort drüben.«
»Das ist kein Bild, junger Mann. Das ist mein Diplom.«
»Diplom. Sehr gut. Ein Diplom für was? Macht nichts. Also Ihr Buch über Italien ist eine wahre Geschichte.«
»In gewissem Sinn. Die Szenerie ist authentisch, aber die Story als solche ist eine thematische Variation der ›Antigone‹ von Sophokles.«
»Wovon?«
»Sophokles. Ein griechischer Tragödienschreiber.«
»Kenn ich. Da haben Sie ganz recht. Aber Sie sagten vorhin etwas gegen den Krieg.«
»Antigone war die Tochter von König Oedipus.«
»Natürlich. Oedipus. Das ist der mit dem Psychodings. Nicht schlecht. Also das ist Ihre Story, sagen Sie.«
»Die Story selbst hat notwendigerweise lokalen Charakter. Aber ihre Botschaft ist universell. Eine Art Bestandsaufnahme unseres Zeitalters. Sollten Sie sich nicht doch ein paar Notizen machen, lieber Freund?«
»Wozu? Ich merk mir alles. Machen Sie sich keine Sorgen. Was noch ... ja richtig: Sind Sie außer sich vor Freude?«
»Worüber?«
»Wenn einer etwas fertig hat, muß er doch vor Freude außer sich sein. Sie zerspringen vor Glück, was?«
»Hm. Vielleicht.«

Das Interview, wie es erschien.

»ICH ZERSPRINGE VOR GLÜCK!«
SAGT DER AUTOR DES ROMANS »DER STAUBSAUGER«
UNSEREM MITARBEITER IN EINEM EXKLUSIVINTERVIEW.

Der bekannte Schriftsteller Tola'at Shani empfing mich in seinem Heim zu einem Exklusivinterview. Anlaß war das Erscheinen seines neuen Romans, dem der Autor einen Bombenerfolg prophezeit.
Ich sitze dem Dichter in seinem geschmackvoll möblierten Studio gegenüber und betrachte sein scharfgeschnittenes Profil, die hagere Gestalt, die schmalen, nervösen Finger. Durch das Fenster hat man einen guten Blick auf die umliegenden Häuser. Es ist später Nachmittag.
Tola'at Shani: »Wie gefällt Ihnen mein Haus?«
Ich: »Nicht schlecht.«
T. Sh.: (stolz) »Es hat einen eigenen Vorgarten, dreieinhalb Zimmer und fließendes Wasser. Solche Häuser sind sehr, sehr teuer.«
Ich: »Darf ich nach der Story Ihres Romans fragen?«
T. Sh.: »Aber gerne. Bitte sehr. Also die Story. Da ist dieser Major der Polnischen Brigade, denn die Geschichte spielt auswärts, an einem Sonntag, und es gibt eine Menge von Schießereien und sonstigen Zusammenstößen, kurz und gut, ein fürchterliches Durcheinander, und diese junge Tochter in der italienischen Stadt, eine Figur, also klassisch, wie ein Filmstar, und die hat ein Verhältnis mit einem Schriftsteller, der immer vor sich hinträumt, ein Tagträumer sozusagen, ein Traumtänzer . . .«
Ich: »Einer unserer Soldaten, nicht wahr?«
T. Sh.: »Richtig. Zu Hause geht er noch auf die Universität, der Soldat, und studiert alles mögliche. Aber jetzt, als Soldat, gerät er in einen Konflikt, also in

einen Rivalitätskampf um dieses Mädchen. Sie heißt Shula...«

Ich: »Einen Augenblick, lieber Freund. Shula – das klingt wie eine griechische Tragödie.«

T. Sh.: »Stimmt. Sie haben den Nagel auf den Kopf getroffen. Und dieses Mädchen, wie heißt sie gleich, ist gegen den Krieg und ist verrückt nach... nach...«

Ich: »Oedipus?«

T. Sh.: »Genau. Ich habe das so konstruiert, um den Komplex direkt aus der Tragödie von Sypholux herauszuarbeiten. Vielleicht hätte ich Ihnen sagen sollen, daß unser Soldat ein wenig zur anderen Fakultät tendiert, Sie verstehen mich. Aber er zeigt es nicht. Es ist übrigens eine wahre Geschichte.«

Ich: »Könnte man sagen, daß es sich um eine Bilanz des Atomzeitalters handelt?«

T. Sh.: (überrascht) »Sie glauben?«

Ich: »Unbedingt.«

T. Sh.: »Na schön. Ich pflege nicht um den heißen Brei herumzureden, wissen Sie. Dort drüben an der Wand hängt mein Diplom.«

Ich: »Großartig, Tola'at Shani.«

T. Sh.: »Diplome bekommt man nicht nur so, das wissen Sie ja sicherlich.«

Ich: »Noch eine letzte Frage: Sind Sie froh, daß Sie mit dem ›Staubsauger‹ fertig geworden sind?«

T. Sh.: »Froh? Ich mach mich an vor Glück.«

Es gibt aber nicht nur unterbelichtete Reporter. Im Gegenteil: Man begegnet fast ebensovielen Ausnahmen. Und um ganz ehrlich zu sein, auch unter den Interviewten finden sich steinharte Nüsse. Eines der anschaulichsten Beispiele dafür ist das historische Gespräch, das ein Kollege von mir mit dem bedeutenden ägyptischen Staatsmann Anwar el Sadat geführt hat. Gesprächsthema war der Friedensvertrag, den der ägyptische Präsident mit dem damaligen israelischen Premier Menachem Begin in Camp David schließen sollte.

Tatsächlich war die Beziehung zwischen den beiden äußerst prekär. Manchmal schien es, als könnten sie einander nicht leiden. In Wahrheit litten sie aneinander.

Was aber das Interview meines Kollegen noch schwieriger gestaltete, war die Tatsache, daß beide in Kürze den Friedensnobelpreis bekommen sollten. Begin nach Sadats Meinung den kleineren Teil.

Grundkurs für Mediendiplomatie

»Herr Präsident Sadat, darf ich einige Fragen an Sie richten?«

»Selbstverständlich. Ich werde Ihnen mit Vergnügen antworten.«

»Danke, Herr Präsident. Meine erste Frage: Hat sich durch die vielen Zusammenkünfte auch eine persönliche Freundschaft zwischen Ihnen und Menachem Begin entwickelt?«

»Zwischen mir und wem, bitte?«

»Begin.«

»Hm...«

»Er nennt Sie nämlich seinen Freund, Herr Präsident.«

»Na ja ... also ... das ist eine sehr komplizierte Angelegenheit ... hm ... Können Sie Ihre Frage wiederholen?«

»Gerne. Ich habe gefragt, ob Sie freundschaftliche Gefühle für unseren Ministerpräsidenten Begin empfinden.«

»Lassen Sie mich ganz offen sein. Man muß diese Frage im Zusammenhang mit dem Grenzproblem betrachten, das ich für den Angelpunkt aller zwischen uns bestehenden Konflikte halte.«

»Wir kennen Ihren Standpunkt, Herr Präsident. Aber meine Frage bezog sich auf Ihre persönliche Einstellung zu unserem Ministerpräsidenten.«

»Zu wem?«

»Zu Menachem Begin.«

»Sie sagten Ministerpräsident, wenn ich richtig gehört habe.«

»Das ist er. Ministerpräsident Begin. Wie stehen Sie zu ihm?«

»Und werden ihre Schwerter zu Pflugscharen machen und ihre Spieße zu Sicheln.«

»Gewiß, Herr Präsident. Das Buch Jesaja, Kapitel zwei, Vers vier. Auch Begin zitiert das sehr häufig.«

»Ich wußte ja, daß ich mich in meinen Friedensbemühungen auf die israelischen Mütter verlassen kann.«

»Keine Frage. Die Frage ist: Wie stehen Sie zu Begin?«

»Also ... wenn ich ehrlich sein darf, möchte ich Sie bitten, sich etwas klarer auszudrücken.«

»Ich will es versuchen. Ist Ihnen unser Ministerpräsident sympathisch?«

»Sehen Sie ... ich bin ein Bauernsohn, ein einfacher Dorfbewohner, kein Mann der großen Worte. Um Ihre Frage zu beantworten, muß ich Sie und die israelischen Mütter daran erinnern, daß ich seinerzeit, als Häftling des vorangegangenen Regimes, im Aramidan-Gefängnis in der Zelle 54 einsaß. Und trotz der strengen Beschränkungen, die den politischen Häftlingen in jener unglückseligen Zeit auferlegt waren, gelang es mir einmal, allerdings nicht ohne die Hilfe eines Wärters, mir ein Schischkebab zuzubereiten. Ich kann Ihnen in aller Aufrichtigkeit versichern, daß ich den Geschmack dieses vorzüglichen Gerichts noch heute auf der Zunge spüre.«

»Ein Schischkebab?«

»Ja. Mit Humus.«

»Klingt wirklich sehr schmackhaft, Herr Präsident. Aber wenn ich auf meine Frage zurückkommen darf – wie kommt es, daß Menachem Begin immer mit größtem Respekt und spürbarer Zuneigung von Ihnen spricht, während Sie Ihrerseits ihn niemals auch nur erwähnen?«

»Nun, es heißt ja schon im heiligen Koran: Wer da aufstehet in der Frühe an einem regnerischen Morgen, wird empfangen den Segen Allahs an einem sonnigen Tag.«

»Ganz Ihrer Meinung, Herr Präsident. Trotzdem möchte ich wissen, warum Sie in Ihren öffentlichen Äußerungen die Existenz Begins so hartnäckig ignorieren.«

»Wie bitte?«

»Ich spreche von unserem Ministerpräsidenten.«

»Richtig, richtig ... Wenn ich nicht irre, bin ich ihm ein paarmal bei meinem Freund Jimmy Carter begegnet.«

»Aber Sie haben noch nie ein gutes Wort über ihn gesagt.«

»Das stimmt nicht. Ich glaube sogar wiederholt und mit aller Deutlichkeit meine Überzeugung ausgedrückt zu haben, daß er ein bedeutender Staatsmann ist, einer der großen Politiker unserer Zeit, ein Mann von Weitblick und Weisheit. Mehr kann ich doch wohl über einen amerikanischen Präsidenten nicht sagen.«

»Ich sprach von Menachem Begin.«
»Von Ihrem Ministerpräsidenten?«
»Von eben diesem. Sie haben ihn noch nie beim Namen genannt, Herr Präsident.«
»Doch, das habe ich. Während eines Dinners im Weißen Haus, am 29. März, in einem Gespräch mit meinem Tischnachbarn Senator Ribikoff, und Esra Weizmann hat es gehört. Ja, ganz bestimmt. Ich erinnere mich genau, daß ich damals seinen Namen genannt habe.«
»Welchen Namen?«
»Seinen Familiennamen.«
»Sehr freundlich von Ihnen, Herr Präsident. Aber ich kann nicht umhin zu bemerken, daß Sie es sogar jetzt, im Verlauf dieses Interviews, sorgfältig vermeiden, den Namen Begin auszusprechen.«
»Tue ich das?«
»Allerdings.«
»Hoffentlich nehmen Sie nicht an, daß etwas dahintersteckt, ein Komplex oder so etwas. Wenn ich Lust habe, den Namen Ihres Ministerpräsidenten auszusprechen, dann werde ich ihn aussprechen.«
»Wie wär's, wenn Sie ihn jetzt aussprechen würden?«
»Jetzt habe ich keine Lust. Alles zu seiner Zeit.«
»Vielen Dank, Herr Präsident.«
»Keine Ursache.«

Wie man sieht, ist es kein leichtes Brot, Journalist zu sein. Verständlich, daß manch einer die Zunft wechselt. Oftmals als persönlicher Referent eines Ministers, der keinen anderen Ausweg gefunden hat, den lästigen Journalisten zum Schweigen zu bringen. Der beklagenswerteste aller Journalisten ist jedoch der literarische Redakteur, schon deshalb, weil er unter schärfster Kontrolle von Seiten des schreibenden Publikums steht. Die Amateurdichter überschwemmen ihn mit Manuskripten, die Professionals verlangen regelmäßige Verköstigung mit Lob, und wenn einer von ihnen einem Jubiläum entgegensteuert, tut der Literaturredakteur am besten, sich einer Gesichtsoperation zu unterziehen und irgendwo unterzutauchen. Aber wie tief er auch taucht – der Jubilar wird ihn aufspüren.
Oder mich.

Gedenkstunde für eine literarische Nervensäge

Unversehens rannte ich in Gideon Schwan hinein, einen Veteranen unter unseren Autoren. Während wir zusammen weitergingen, kamen wir auf die gespannte politische Lage zu sprechen.
»Ich bin optimistisch«, sagte Schwan. »Vielleicht erleben wir noch, daß die Araber mit uns Frieden schließen.«
»Das hoffe ich auch«, erwiderte ich voll düsterer Vorahnungen.
Schwan klopfte mir wohlwollend auf die Schulter: »Sie sind noch jung und haben Zeit. Was mich betrifft, so werde ich am 23. August 65. Das ist übrigens ein dreifaches Jubiläum für mich. Genau vor 45 Jahren erschien an diesem Tag meine erste Sammlung von Kurzge-

schichten, und vor 40 Jahren begann mein eigentlicher Aufstieg als Schriftsteller. Seither bin ich literarisch so fruchtbar wie kaum ein zweiter.«

»Wenn man nur sicher sein könnte, ob die Palästinenser es ehrlich meinen!« warf ich ein.

Schwan ließ sich nicht beirren:

»In der Zeitspanne, die ungefähr 1955 zu Ende ging, habe ich mich als meisterhafter Erzähler und formstarker Lyriker erwiesen. Aber die Ereignisse führten mich bald zu meiner wahren Berufung: Träger einer prophetischen Botschaft zu sein, die mein schlafendes Volk aufwecken würde. Dazu bin ich ausersehen und dabei bleibt's für den Rest meines Lebens, nicht nur bis zum 23. August, dem Tag, an dem ich ein dreifaches Jubiläum begehe. Denn an diesem Tag wird es genau 45 Jahre her sein, seit meine erste Sammlung von Kurzgeschichten –«

»Um Himmels willen!« unterbrach ich mit einem Blick auf meine Armbanduhr. »Ich bin ja eine halbe Stunde verspätet!« Und ich verließ ihn fluchtartig.

Wochen später, als ich die Begegnung längst vergessen hatte, berief mich der Redakteur unserer Literaturseite zu sich und legte mir folgenden eingeschriebenen Brief vor:

Sehr geehrter Herr! In der Nummer vom 20. September Ihres geschätzten Blattes sah ich ein Inserat, in dem »ein herrliches Haus« angepriesen wurde. Vielleicht interessiert es Sie, daß diese Wendung schon in der Bibel mehrmals vorkommt (u. a. Jesaia 64,11: »Unser heiliges und herrliches Haus«). Bei dieser Gelegenheit möchte ich Ihnen mitteilen, daß ich am 23. August 65 Jahre alt werde. Zufällig ist dieser Tag zugleich das 45jährige Jubiläum des Erscheinens meiner ersten Kurzgeschichtensammlung und das 40jährige Jubiläum meiner fruchtbaren literari-

schen Tätigkeit, so daß er für mich ein dreifaches Jubiläum bedeutet. »Und so«, um das bekannte Redaktionsmitglied Ephraim Kishon zu zitieren, »hat der einstige Talmudstudent seinen Weg vom Haus des Rabbi zum Gipfel des Ruhms genommen und wird sich am 23. August als poeta laureatus des hebräischen Schrifttums präsentieren.« Ich darf noch hinzufügen, daß der oben erwähnte biblische Ausdruck sich bis heute in unserem täglichen Sprachgebrauch erhalten hat. Es grüßt Sie respektvoll

Ihr ergebener Gideon Schwan.

»Was ist das?« fragte mich mit nervös zitternder Stimme der Literaturredakteur, nachdem ich ihm den Brief zurückgegeben hatte. »Was bedeutet das?«
»Keine blasse Ahnung«, gab ich nicht minder nervös zurück. »Woher soll ich das wissen? Ich bin ja gar nicht hier. Ich existiere überhaupt nicht. Bitte vergessen Sie mich.«
Grußlos rannte ich hinaus, fest entschlossen, mich bis auf weiteres nicht in der Redaktion zu zeigen.
Die Dinge nahmen ihren unvermeidlichen Lauf. Gideon Schwans 65. Geburtstag lag immer drückender in der Luft. Man spürte bei jedem Atemzug, daß zu seinem dreifachen Jubiläum ein großer Empfang stattfinden würde. Je näher der Unglückstag rückte, desto häufiger sah man Angehörige der Schreiberzunft schreckensbleich nach dem Süden des Landes fliehen. Andere versiegelten ihre Wohnungstüre und schlossen sich ein, wieder andere gingen in Kur. Die von Schwan frequentierten Straßen lagen entvölkert, die Kaffeehäuser leerten sich schlagartig, sobald er auftauchte. Aber niemand machte sich ernsthafte Hoffnungen, dem Schicksal entgehen zu können.
»Vor ein paar Tagen«, so informierte mich einer mei-

ner Freunde, der Dichter I. L. Grinboter, »erschien Schwan plötzlich bei mir zu Besuch und bat mich um Tinte für seine Füllfeder. Angeblich war ihm zu Hause die Tinte ausgegangen. Während er die Feder füllte, meinte er ganz nebenbei, daß ihm die Tinte hoffentlich bis zum 23. August reichen würde, seinem 65. Geburtstag, der zugleich ein dreifaches Jubiläum und einen Meilenstein in der Geschichte der israelischen Literatur darstelle. Und ich würde doch nicht versäumen, davon gebührend Notiz zu nehmen. Was soll ich tun? Und warum gerade ich? Du kennst ihn doch viel besser.«

Nach einigem Hin und Her beschlossen wir, das Los entscheiden zu lassen. Ich war dumm genug, »Adler« statt »Kopf« zu wählen, und verlor. Damit war ich verurteilt, einen Jubiläumsartikel über Schwan zu schreiben, was ein sorgfältiges Quellenstudium erforderte. Ich lieh mir eines seiner Bücher aus, las es gewissenhaft bis zur Mitte der Seite 6 und konsultierte zur Sicherheit auch noch das »Who's Who in Israel«. Dann fand ich mich bei Gideon Schwan ein:

»Ich komme mit einer guten Nachricht, Herr Schwan. Eine Gruppe Ihrer Freunde und Bewunderer möchte aus Anlaß Ihres 65. Geburtstags eine kleine, intime Jubiläumsfeier für Sie veranstalten.«

»Für mich?« fragte Schwan in fassungslosem Erstaunen. »Eine Feier für mich? Sie müssen verrückt geworden sein, mein Lieber. So etwas brauche ich nicht. Sparen Sie sich die Mühe.«

»Nein, nein«, widersprach ich. »Gideon Schwan hat Anspruch darauf, gefeiert zu werden. Bitte stimmen Sie zu! Bitte!«

Schwan überlegte eine Weile, dann schüttelte er den Kopf:

»Es geht nicht. Die Zeiten sind zu ernst. Womit hätte ich eine solche Feier verdient? Ich habe getan, was ich tun mußte. Gewiß, ich habe es besser getan als die meisten anderen. Gewiß, die Jugend unseres Landes verehrt mich. Aber das ist mir Lohn genug. Ich bitte Sie, den Plan eines Festempfangs im Opernhaus aufzugeben. Und ich bestehe darauf, daß Sie den Unterrichtsminister, den Parlamentspräsidenten und die führenden Persönlichkeiten unseres öffentlichen Lebens sofort davon verständigen. Am 23. August um 21 Uhr findet im Opernhaus keine Jubiläumsfeier statt, bitte sorgen Sie dafür ...«

Es wurde eine wunderschöne Feier im Opernhaus. Nach der Eröffnungsrede des Unterrichtsministers schilderte I. L. Grinboter in schwungvollen Worten den Weg des einstigen Talmudstudenten vom Haus des Rabbi zum Gipfel des Ruhms, wobei er besonders die im Herbst 1955 erfolgte Wandlung des Dichters hervorhob, dem damals seine eigentliche Berufung erst wirklich bewußt geworden war: als Prophet eines schlafenden Volkes zu wirken.

Gideon Schwan saß in der ersten Reihe. Tränen strömten über sein Gesicht. Es war der schönste Tag seines Lebens.

Man hatte ihn nicht vergessen.

Was ist der Unterschied zwischen einer verabscheuungswürdigen Diktatur und einer gesegneten, echten Demokratie, wie es zum Beispiel die meine und die des Lesers ist?
In Diktaturen ist der kleine Staatsbürger dem jeweils regierenden Establishment hilflos ausgeliefert, wir aber können jederzeit einen Leserbrief an die Zeitung schreiben. Heutzutage haben wir es sogar so weit gebracht, daß jede öffentliche Institution, die etwas auf sich hält, eine eigene PR-Abteilung beschäftigt. Ihre Aufgabe ist es, auf Beschwerdebriefe der Bürgerschaft dergestalt zu reagieren, daß sie dem Beschwerdeführer klar und unmißverständlich vor Augen hält, wo er geirrt hat und wann und warum.

Die hohe Kunst der Richtigstellung

Im folgenden bringe ich den höchst informativen Meinungsaustausch zwischen einem Beschwerdeführer und den zuständigen Behörden, wie er tagtäglich in unserer freien Presse nachzulesen ist:

Wo ist das gute Benehmen geblieben?
Sehr geehrte Redaktion!
Am 24. März d. J. sprach ich in der Abteilung »Angewandte Pädagogik« unseres Unterrichtsministeriums vor. Ich ersuchte um eine Importgenehmigung für einen handgeschmiedeten Edelstahlhammer, welcher mich in die Lage versetzen sollte, Rubiks Zauberwürfel zu zertrümmern. Ich verlangte den Abteilungsleiter zu sehen, worauf mich dessen Sekretärin nach meinem Anliegen fragte. Ich sagte ihr: »Es geht um den Würfel, bitteschön.« Worauf sie mich fragte: »Sie sind wohl übergeschnappt, was?« Ich war gerade dabei, mich über

ihr schlechtes Benehmen zu beschweren, da erschienen aus den Nebenräumen einige Beamte und warfen mich eigenhändig die Treppe hinunter. Ich verklagte das Ministerium auf Schmerzensgeld, doch dieses weigert sich zu zahlen, mit der Begründung, daß man nicht die Absicht habe, mit einem Verrückten Kontakt zu pflegen. Was ist aus unserem Land geworden?

Albert Dunkellicht, Tel Aviv

Die Antwort des Unterrichtsministeriums, Abteilung Öffentlichkeitsarbeit:
»Herr Albert Dunkellicht beschwerte sich in Ihrer Ausgabe vom 17. Mai über das mangelhafte Benehmen unseres Personals. Nach sorgfältigen Recherchen der in diesem Brief geschilderten Vorgänge ist es nun unser Bestreben, den Hergang des Falles ins rechte Licht zu rücken:
Tatsache ist, daß Herr Dunkellicht am 24. März d. J. in unserer Abteilung »Angewandte Pädagogik« vorsprach, um – nach seiner Darstellung – vom Abteilungsleiter eine Importgenehmigung für einen handgeschmiedeten Edelstahlhammer zum Behufe der Zertrümmerung von Rubiks Zauberwürfel zu verlangen. Als dessen Sekretärin höflichst fragte: »In welcher Angelegenheit?«, erwiderte Herr Dunkellicht: »Es geht um den Würfel, bitteschön.« Worauf sie sich erkundigte: »Sie sind wohl übergeschnappt, was?« Herr Dunkellicht beschwerte sich über ihr Benehmen, was zur Folge hatte, daß einige rüstige Beamte derselben Abteilung ihm eigenhändig die Treppe hinunterhalfen. Herr Dunkellicht verklagte uns auf Schmerzensgeld, aber wir distanzierten uns von einer Zahlung mit der Begründung, daß wir mit geistig Umnachteten seines Kalibers keine engeren Kontakte zu pflegen gewillt seien.
Das ist der genaue Hergang der Dinge.

Wir bedauern es außerordentlich, daß sich Herr Dunkellicht bemüßigt fühlte, diese Affäre mit unbegründeter Eile in die Presse zu zerren, ohne uns die Möglichkeit zu geben, den offiziellen Standpunkt und die wirkliche Abfolge der Ereignisse klarzumachen. Dennoch glauben wir, daß das Ergebnis unserer Untersuchung Herrn Dunkellicht dazu bewegen wird, die Angelegenheit weniger melodramatisch zu betrachten und seine gesellschaftsfeindliche Haltung zu revidieren.«

Es ist kein Geheimnis, daß sich in wirtschaftlichen Krisen die Angehörigen von zwei freien Berufen am besten behaupten können: die Bettler und die Journalisten. Das folgende Interview zwischen zwei prominenten Mitgliedern der neuen Elite demonstriert aufs schönste den unverzichtbaren Beitrag der Presse zur gerechten Verteilung des Bruttosozialproduktes.

Mediale Sozialarbeit zu festen Preisen

»Herr Salach Schabati?«
»Der bin ich. Treten Sie ein, Herr, und nehmen Sie Platz. Ja, dort in der Ecke. Auf der zerbrochenen Kiste.«

»Vielen Dank.«
»Wenn Ihnen die Kinder im Weg sind, kann ich sie erwürgen.«
»Das wird nicht nötig sein.«
»Gut, dann sperre ich sie ins Badezimmer. Marsch hinein. So. Schreiben Sie für eine Tageszeitung oder für eine Zeitschrift?«
»Für eine Tageszeitung.«
»Wochenendbeilage?«
»Ja, Herr Schabati. Ich habe Ihr Inserat in unserem Blatt gelesen: ›Slum-Fam. m. 13 Kind. zur Verfüg. d. Massenmedien.‹ Haben Sie jetzt Zeit für mich?«
»Eine Stunde fünfzehn Minuten. Heute vormittag hatte ich ein Rundfunkinterview, und nach Ihnen kommt ein Fernsehteam, aber jetzt können wir sprechen.«
»Danke, Herr Schabati. Meine erste Frage –«
»Nicht so schnell, nicht so schnell. Was zahlen Sie?«
»Wie bitte?«
»Ich will wissen, wie hoch mein Honorar ist. Oder glauben Sie, daß ich zum Vergnügen in dieser Bruchbude sitze oder daß ich mit meiner Familie von der staatlichen Unterstützung leben kann? Von 750 Pfund im Monat?«
»Das hatte ich nicht bedacht.«
»Aber ich. Die katastrophale Situation der orientalischen Einwanderer hat heute einen ziemlich hohen Marktwert. Daran müssen doch auch diejenigen partizipieren, denen man diese Situation verdankt. Nehmen wir an, Sie schreiben eine schöne Geschichte mit viel Armeleute-Geruch, Mangel an Hygiene und so – das erregt Aufsehen, das ist gut für den Verkauf Ihrer Zeitung und gut für Ihr Honorar. Außerdem verschafft es Ihnen den Ruf eines gesellschaftskritisch engagierten Journalisten. Ich werde Ihnen in jeder Weise behilflich sein, Herr. Sie bekommen von mir eine herzerwei-

chende Schilderung meines Jammers, meiner Enttäuschung, meiner Bitterkeit, meiner –«
»Wieviel verlangen Sie?«
»Mein üblicher Tarif ist 300 Pfund die Stunde zuzüglich Mehrwertsteuer. Mit Fotos um 30 Prozent mehr. Barzahlung. Keine Schecks. Keine Empfangsbestätigung.«
»300 Pfund für eine Stunde?!«
»Davon muß ich ja noch meinen Manager bezahlen. Es ist die Taxe, Herr. Im Jemenitenviertel finden Sie vielleicht schon für 150 Pfund Verzweiflung – aber wie sieht die aus. Höchstens elf Kinder, alle gut genährt und eine Wohlfahrtsrente von 1030 Pfund monatlich. Bei mir haben Sie eine neunzehnköpfige Familie auf einem Wohnraum von 55 Quadratmetern. Mit drei Großmüttern.«
»Wo ist Ihre Frau?«
»Wird auf dem Dach fotografiert. Hängt gerade Wäsche auf unsere Fernsehantenne. Schwanger ist sie auch.«
»Da müßten Sie ja eine Zulage zur staatlichen Unterstützung beziehen.«
»Ich habe auf beides verzichtet. Meine Position auf dem Elendsmarkt könnte darunter leiden. Interviews sind einträglicher. Demnächst übersiedeln wir in eine noch kleinere, baufällige Hütte. Wahrscheinlich nehme ich auch eine Ziege mit hinein. Wo bleibt Ihr Kameramann?«
»Er wird gleich kommen.«
»Was die Aufmachung betrifft: Ich möchte ein Layout von zwei Seiten nebeneinander. Titel über beide Seiten.«
»Machen Sie sich keine Sorgen, Herr Schabati. Wir werden alle Ihre Forderungen berücksichtigen.«
»Gut. Jetzt können Sie anfangen, Herr.«

»Meine erste Frage: Fühlen Sie sich in unserem Land schlecht behandelt, Herr Schabati?«
»Warum sollte ich? Ich bin meinen Landsleuten aufrichtig dankbar. Sie haben ein goldenes Herz. Gewiß, sie machen keine besonderen Anstrengungen zur Bekämpfung der Armut, und niemand kümmert sich um die Slums in seiner eigenen Stadt. Andererseits aber bekundet uns die Öffentlichkeit lebhafte Anteilnahme und ist immer sehr gerührt, wenn im Fernsehen eine Dokumentation unseres Elends gezeigt wird. Man muß nur hören, wie sich dann alle diese Professoren aufregen. Und der Bedarf der Massenmedien an Elendsgeschichten ist noch immer im Wachsen begriffen, so daß wir Unterprivilegierten eine ständige Besserung unseres Lebensstandards zu verzeichnen haben. Man kann ruhig sagen: Es ist das erste Mal in der Geschichte der Menschheit, daß soziale Probleme durch Interviews gelöst werden.«

Aus reinem Taktgefühl habe ich mich bisher noch nicht mit dem Rentner des Triumvirats, mit dem Radio, beschäftigt.
»Du sollst Vater und Mutter ehren« heißt es irgendwo, möglicherweise sogar in den zehn Geboten, und dennoch ehrt man Oma Radio immer weniger. Es ist wirklich nicht fair, wie man diese drahtlose Seniorin behan-

delt. Während zahlloser glücklicher Jahre hörte die Menschheit ihr gebannt zu – und plötzlich erscheint ein Satellit am Himmel, und man kann nicht nur hören, sondern auch noch sehen, und das sogar in Farbe, hol's der Teufel ...

Zu ihrer Ehre sei gesagt, Oma Radio hat nicht kapituliert. Sie kämpft ums Überleben und hört nicht auf, sich bei jedem größeren Ereignis aufzudrängen, als ob inzwischen nichts passiert wäre.

Zwar hat sich die Zusammensetzung ihrer Zuhörerschaft inzwischen wesentlich verändert und beschränkt sich heute auf kochende Hausfrauen und im Stau stehende Autofahrer mit kochendem Kühlwasser. Es gibt jedoch einen bestechenden Vorteil des Rundfunks: Übergewichtige Politiker und Schauspielerinnen ab 57 ziehen die Lautsprecher dem läppischen Bildschirm vor. Und der größte Vorteil: Im Gegensatz zum Fernsehen ist der Radioapparat viel leichter auszuschalten. Es gibt aber auch Radioapparate, die man überhaupt nicht abstellen kann. Sie stehen in der Nachbarwohnung.

Exorzismus auf Mittelwelle

Ich spreche aus eigener Erfahrung. Wir haben nämlich seit langem Schwierigkeiten mit unseren Nachbarn, den Seligs. Was die mit ihrem Radio aufführen, ist einfach unerträglich. Jeden Abend um 6 Uhr kommt Felix Selig todmüde nach Hause, hat aber noch genug Kraft, zum Radio zu wanken und es auf volle Stärke einzustellen. Ob Nachrichten, Musik oder literarische Vorträge herauskommen, ist ihm gleichgültig. Wenn es nur Lärm macht. Und dieser Lärm dringt bis in die entlegensten Winkel unserer Wohnung.

Die Frage, wie wir uns dagegen wehren könnten, be-

schäftigt uns schon seit geraumer Zeit. Meine Frau, die den Seligs unter ungeheurer Selbstüberwindung einen Besuch abgestattet hat, behauptet, daß wir das Opfer eines akustischen Phänomens seien: Das Radio dröhnt bei uns noch lauter als bei den Seligs selbst. Jedenfalls ist die Trennwand zwischen den beiden Wohnungen so dünn, daß wir beim Ausziehen das Licht abdrehen, um keine lebenden Bilder an die Wand zu werfen. Daß durch diese Wand selbst das leiseste Flüstern hörbar wird, versteht sich von selbst.
Nur ein Wunder konnte uns retten.
Und das Wunder geschah.

Eines Abends, als Seligs Höllenmaschine wieder ihren ohrenbetäubenden Lärm entfaltete, mußte ich mich wegen eines unvorhergesehenen Theaterbesuchs rasieren. Kaum hatte ich meinen elektrischen Rasierapparat eingeschaltet, als es in Seligs Radio laut zu knacksen begann. Ich zog den Steckkontakt heraus – und das Knacksen hörte auf. Ich schaltete ihn wieder ein – es knackste und knackste. Dann hörte ich Felix Seligs Stimme:
»Erna! Was ist mit unserem Radio los? Dieses Knacksen macht mich verrückt!«
Ungeahnte Perspektiven eröffneten sich.

Der nächste Abend fand mich wohl vorbereitet. Als Felix Selig um 6 Uhr nach Hause kam, wartete ich bereits mit gezücktem Rasierapparat. Felix torkelte zum

Radio und drehte es an. Eine Minute ließ ich verstreichen – dann suchte mein elektrischer Rasierapparat Kontakt und fand ihn. Augenblicklich verwandelte sich in der nachbarlichen Wohnung eine wunderschöne Pianopassage von Rachmaninov in ein Fortissimo-Krkrkrk. Felix nahm es zunächst noch hin, offenbar in der Hoffnung, daß die atmosphärische Störung bald vorüber sein würde. Endlich hatte er genug.
»Hör auf, um Himmels willen!« brüllte er entnervt in den Kasten, und seine Stimme klang so beschwörend, daß ich unwillkürlich den Stecker aus der Wand zog.
Jetzt stellte Felix das Radio ab, rief mit heiserer Stimme nach seiner Frau und sagte, für unsere angespannten Ohren deutlich hörbar:
»Erna, es ist etwas sehr Merkwürdiges geschehen. Der Apparat hat geknackst – ich habe ›Hör auf!‹ gebrüllt – und er hat aufgehört.«
»Felix«, antwortete Erna, »du bist schon länger überarbeitet. Heute wirst du früher schlafen gehen.«
»Du glaubst mir nicht?« brauste Felix auf. »Du mißtraust den Worten deines Mannes? Höre selbst!«
Und er drehte das Radio auf.
Wir konnten sie beinahe sehen, wie sie vor dem Kasten standen und auf das ominöse Knacksen warteten. Um die Spannung zu steigern, wartete ich eine Weile.
»Ganz wie ich sagte«, sagte Frau Selig. »Du redest dummes Zeug. Wo bleibt das Knacksen?«
»Wenn ich's dir vorführen will, kommt's natürlich nicht«, fauchte der enttäuschte Felix. Dann wandte er sich mit hämischer Herausforderung direkt an das Radio: »Also du willst nicht knacksen, was?«
Ich schaltete den Rasierapparat ein. Krkrkrk.
»Tatsächlich«, flüsterte Erna. »Jetzt knackst er. Es ist wirklich unheimlich. Ich habe Angst. Sag ihm, daß er aufhören soll.«

»Hör auf«, sagte Felix gepreßt. »Bitte hör auf...«
Ich zog den Stecker heraus.

Am nächsten Tag traf ich Felix im Stiegenhaus. Er sah angegriffen aus, ging ein wenig schlotternd, und unter seinen verquollenen Augen standen große dunkle Ringe. Wir plauderten zuerst über das schöne Wetter – dann packte mich Felix plötzlich am Arm und fragte:
»Glauben Sie an übernatürliche Phänomene?«
»Selbstverständlich nicht. Warum?«
»Ich frage nur.«
»Mein Großvater, der ein sehr gescheiter Mann war«, sagte ich sinnend, »glaubte an derartige Dinge.«
»An Geister?«
»Nicht gerade an Geister. Aber er war überzeugt, daß tote Gegenstände – es klingt ein wenig lächerlich, entschuldigen Sie – also daß Dinge wie ein Tisch, eine Schreibmaschine, ein Grammophon, sozusagen ihre eigene Seele haben. Was ist los mit Ihnen, mein Lieber?«
»Nichts ... danke ...«
»Mein Großvater schwor, daß sein Grammophon ihn haßte. Was sagen Sie zu diesem Unsinn?«
»Es haßte ihn?«
»So behauptete er. Und eines Nachts – aber das hat natürlich nichts damit zu tun – fanden wir ihn leblos neben dem Grammophon liegen. Die Platte lief noch.«
»Entschuldigen Sie«, sagte mein Nachbar. »Mir ist ein wenig übel.«
Ich stützte ihn die Treppe hinauf, sauste in meine Wohnung und stellte den Rasierapparat bereit. Nebenan hörte ich Felix Selig mehrere Gläser Brandy

hinabgurgeln, ehe er mit zitternder Hand sein Radio andrehte.
»Du haßt mich!« rief der Leidgeprüfte. (Seine Stimme kam, wie wir zu hören glaubten, von unten; wahrscheinlich kniete er.) »Ich weiß, daß du mich haßt. Ich weiß es.«
Krkrkrk. Ich ließ den Rasierapparat etwa zwei Minuten eingeschaltet, ehe ich ihn abstellte.
»Was haben wir dir getan?« erklang Frau Seligs flehende Stimme. »Haben wir dich schlecht behandelt?«
»Krkrkrk.«
Jetzt war es soweit. Unser Schlachtplan trat in die entscheidende Phase. Meine Frau ging zu den Seligs.
Schmunzelnd hörte ich, wie die Seligs meiner Frau erzählten, daß ihr Radio übernatürliche Kräfte besäße.
Nach einigem Nachdenken rückte meine Frau mit dem Vorschlag heraus, das Radio zu exorzieren.
»Geht das?« riefen die zwei Seligs wie aus einem Munde. »Können Sie das? Dann tun Sie's bitte!«
Das Radio wurde angedreht. Der große Augenblick war gekommen.
»Geist im Radio«, rief die beste Ehefrau von allen. »Wenn du mich hörst, dann gib uns ein Zeichen!«
Rasierapparat einstellen – krkrkrkr.
»Ich danke dir.«
Rasierapparat abstellen.
»Geist«, rief meine Frau, »gib uns ein Zeichen, ob dieses Radio in Betrieb bleiben soll?«
Rasierapparat bleibt abgestellt.
»Willst du vielleicht, daß es lauter spielen soll?«
Rasierapparat bleibt abgestellt.
»Dann willst du vielleicht, daß die Seligs ihr Radio überhaupt nicht mehr benützen sollen?«
Rasierapparat einstellen.
Rasierapparat einstellen! Einstellen!!

Um Himmels willen, warum hört man nichts... kein Knacksen, kein Krkrkrk, nichts...
Der Rasierapparat streikte. Der Motor oder sonstwas. Jahrelang hatte er tadellos funktioniert, und gerade jetzt...
»Geist, hörst du mich nicht?« Meine Frau hob die Stimme. »Ich frage: willst du, daß die Seligs aufhören, diesen entsetzlichen Kasten zu verwenden? Gib uns ein Zeichen! Antworte!!«
Verzweifelt stieß ich den Apparat in den Steckkontakt, wieder und wieder – es half nichts. Nicht das leiseste Krkrkrk erklang. Vielleicht haben tote Gegenstände wirklich eine Seele.
»Warum knackst du nicht?« rief meine Frau schon ein wenig schrill. »Gib uns ein Zeichen, du Idiot! Sag den Seligs, daß sie nie wieder ihr Radio spielen sollen! Ephraim!!«
Jetzt war sie um eine Kleinigkeit zu weit gegangen. Ich glaubte zu sehen, wie die Seligs sich mit einem vielsagenden Blick ihr zuwandten...
Am nächsten Tag ließ ich den Rasierapparat reparieren. Expreßreparaturen kosten viel Geld.
»Der Motor war kaputt«, sagte mir der Elektriker. »Ich habe einen neuen hineingetan. Jetzt wird es auch in Ihrem Radio keine Störungen mehr geben.«
Seither dröhnt das Radio unseres Nachbarn ungestört in jedem Winkel unserer Wohnung. Ob tote Gegenstände eine Seele haben, weiß ich nicht. Aber sie haben bestimmt keinen Humor.

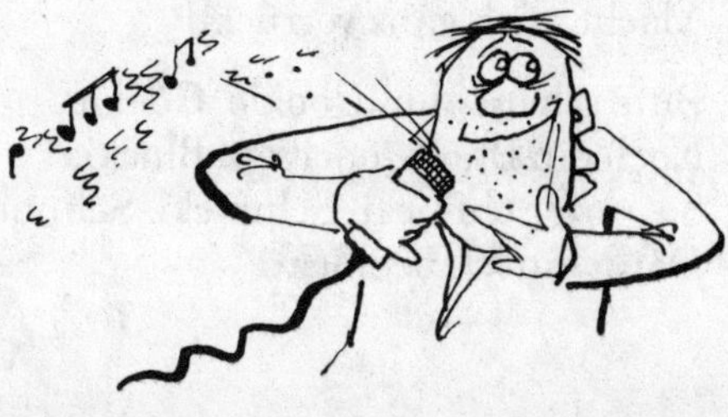

Es gibt ein Niemandsland, in dem nicht der große Bruder Fernsehen, sondern das kleine, altmodische Radio Alleinherrscher ist. Ich spreche von der Schallplatte, deren visueller Effekt allerdings recht bescheiden ist; wenn du eine gesehen hast, hast du alle gesehen. Für die Schlagerindustrie ist das Radio jedoch eine Großmacht, ein einflußreicher Marktseismograph und selbstloser Förderer, manchmal auch ein stiller Geschäftspartner.

Warum sonst gäbe es wöchentlich dutzendweise Hitparaden, die entscheiden, welche Platten in Hunderttausenden verkauft werden und welche wieder unberührt beim Großhändler landen.

Das Geheimnis der Hitparaden-Mafia

Zweifellos kennen meine geneigten Leser den erfolgreichen »Cookie-Song«, die Nummer 1 der Gesamt-Hitparade des Jahres. Nach 802 Radiosendungen wird es wohl kaum einen Menschen geben, der die muntere Melodie mit dem eingängigen Text noch nicht vor sich hingesummt hätte. Wie wohltuend sich dieser Text von den sonstigen Produkten unterscheidet, ersieht man aus folgendem Refrain:

Cookie, Cookie, Cookie, Cookie,
Du bist süß wie Zucki, Zucki
Und dein blaues Augengucki
Macht mich ganz verrückt!

Bitte schenk mir, Cookie, Cookie,
Noch ein Blicki, noch ein Blucki,
Sag mir Schnucki, Schnucki, Schnucki,
Dann bin ich beglückt!

Ein einfaches, anspruchsloses Lied, in sprachlicher Hinsicht vielleicht nicht ganz einwandfrei, aber dafür von einer naiven Liebenswürdigkeit und leicht zu behalten. Deshalb wird es auch vierzigmal täglich im Rundfunk gesendet.
Der Text ist übrigens von mir. Ich hatte bis dahin noch nie einen Schlagertext geschrieben, weil ich nicht wußte, daß ich dafür begabt bin. Es ist ja nicht selten geschehen auf der Welt, daß jemand seine eigene Begabung nicht kennt.
Bernard Shaw zum Beispiel begann erst mit vierzig Jahren, Theaterstücke zu schreiben. Und David mußte erst mit Goliath zusammentreffen, um zu entdecken, daß er ein besonderes Talent zum Steineschleudern besaß.
Vielleicht wäre auch aus mir niemals ein Textdichter geworden, wenn ich nicht die Gewohnheit hätte, bei längeren Gesprächen allerlei Sinnloses auf ein Papier zu kritzeln.
Es geschah auf der Terrasse eines Kaffeehauses. Wir sprachen über die amerikanische Jugend und ihren Mangel an Idealen, und während ich meinen Teil Mißbilligung zum Gespräch beisteuerte, begann ich auf eine Papierserviette abstrakte Figuren zu kritzeln, denen ich so nebenbei Namen gab: Cookie... Zucki... Schnucki... Pucki...
Plötzlich fiel der Blick des bekannten Schlagerkomponisten Eli Distel auf die Serviette.
»Genial!« japste er. »Absolute Spitze!«
Er zog mich beiseite und erklärte mir, daß die von mir so achtlos hingeworfenen Wortgebilde das ideale Gerippe eines Schlagertextes darstellten, den ich nur noch ausarbeiten müßte. Ich sollte das sofort tun.
»In jedem erfolgreichen Schlagertext gibt es nur ganz wenige Worte, die im Gedächtnis bleiben«, fügte er

hinzu. »Der Rest ist gleichgültig. Cookie-Zucki-Schnucki genügt.«
»Und was ist mit Pucki?« fragte ich indigniert.
»Fällt ein wenig ab. Schnucki ist stärker. Fang' an zu dichten. Ich spreche inzwischen mit den Produzenten und einigen Discjockeys im Rundfunk.«
Trotz der kleinen Kränkung zog ich mich an einen freien Tisch zurück und schrieb in zehn Minuten den »Cookie-Song«, der heute in aller Munde ist. Distel entschuldigte sich, daß der Markt im Augenblick ein wenig stagniere, und zahlte mir 500 Pfund, was ich gar nicht so schlecht fand. Den wütenden Blicken des an unserem Tisch sitzenden Popsong-Texters Uri Ben-Patisch ignorierte ich.
Am nächsten Morgen bekam ich ein Telegramm:

»erwarte dich zwoelf uhr eingang zoo strengstes stillschweigen geboten benpatisch.«

Aus purer Neugier ging ich hin. Ben-Patisch verband mir die Augen mit einem Taschentuch und zerrte mich in einen Wagen, der sofort startete und ungefähr drei Stunden lang in gesetzwidrigem Tempo dahinsauste. Während dieser drei Stunden fiel kein einziges Wort.
Als wir endlich anhielten und Ben-Patisch mir die Augenbinde abnahm, standen wir vor einer einsamen Ruine in Obergaliläa. Wir traten ein.
In einem halbverfallenen Raum, der von einem flakkernden Öllämpchen notdürftig erhellt wurde, erwarteten uns, um ein morsches Klavier geschart, drei weitere Pop-Lyriker und Jacky, der bekannte Discjockey der heimischen Rundfunkhitparade.
»Nimm Platz«, sagte Ben-Patisch. »Und fürchte dich nicht. Du bist unter Freunden. Was du hier siehst, ist die israelische Popsong-Fabrikations-GesmbH, die insgesamt fünf Mitglieder umfaßt.«

»Freut mich sehr.« Ich verbeugte mich in Richtung GesmbH.

»Wir vier haben bisher alle erfolgreichen Texte für Jacky geschrieben«, eröffnete mir Ben-Patisch, und in seiner Stimme schwang deutlicher Unmut mit. »Jetzt, da auch du mit dem Schreiben angefangen hast, müssen wir dich in unsere Geheimorganisation aufnehmen.«

»Warum ist sie geheim?«

»Das kann ich dir erklären. Es gibt ein Geheimnis, das bisher nur fünf Männern im ganzen Land bekannt war. Von nun an werden es sechs sein. Das Geheimnis besteht in der bitteren Wahrheit, daß jeder Mensch Schlagertexte schreiben kann. Wir haben dich hergebracht, um dich zu warnen. Wenn du unser Geheimnis verrätst...«

»Ihr könnt euch auf mich verlassen.«

»Danke. Aber das ist noch nicht alles. Unsere Organisation hat ihre eigenen Gesetze, von deren strikter Einhaltung unsere materielle Existenz abhängt. Erstes Gesetz: ›Man darf nie sofort einen Text schreiben.‹ Dieses Gesetz hast du – allerdings noch ohne es zu kennen – gebrochen. Sei dir bitte im klaren darüber, welches Verhängnis uns droht, wenn man plötzlich dahinterkäme, daß ein Hitparaden-verdächtiger Schlagertext in zehn Minuten herstellbar ist. Du mußt für einen Text immer eine Woche Zeit verlangen, das ist das mindeste. Wie lange du wirklich brauchst, geht niemanden etwas an. Meinetwegen schreib ihn auf dem Weg zum Produzenten. Zweites Gesetz: ›Gib niemals die Erlaubnis, auch nur ein einziges Wort zu ändern.‹ Die Leute müssen überzeugt sein, daß dein Text das Ergebnis langer, aufreibender Arbeit ist, daß du an jedem Wort, auch wenn es noch so simpel oder gar dumm erscheint, stundenlang gefeilt hast. Drittes Gesetz: ›Laß deinen Text niemals ohne Musik hören.‹ Wenn er gesungen wird, nimmt man ihn gewissermaßen nebenbei mit. Aber ohne Musik würde man merken, daß es der reine Stumpfsinn ist.«

»Allerdings.«

»Unterbrich mich nicht. Ich komme jetzt zum wichtigsten Punkt, nämlich zur Frage des Honorars. Wenn Jacky einen Schlager unter seine Fittiche nimmt, dann wird er innerhalb von 48 Stunden vierzigmal ausgestrahlt, und der Verkauf steigt kometenhaft. Es ist also absolut verbrecherisch, für einen Text weniger als 1200 Pfund zu nehmen. Sonst glaubt dir ja niemand, welche ungeheure Mühe, welche geistige und emotionelle Anstrengung er dich gekostet hat. Deshalb mußt du auch von Zeit zu Zeit über Kopfschmerzen und Müdigkeit klagen.« An dieser Stelle drückte Jacky seine Zigarette aus, und alle verstummten auf einen Schlag.

»Und schließlich noch eine Vereinbarung. Nicht direkt ein Gesetz, eher eine Art Gentlemen's Agreement«, sagte Jacky leise, »meine Kräfte sind begrenzt und die Sache darf nicht auffallen, kein Mitglied der Organisation darf mehr als tausend Texte im Jahr schreiben...«

Ich erklärte mich mit den Bedingungen einverstanden, wurde in einer kurzen, eindrucksvollen Zeremonie vereidigt und erhielt die Mitgliedskarte Nr. 6.

Eine der letzten Bastionen der Presse, die weder Rundfunk noch Fernsehen bisher einnehmen konnten, ist der Dauerbrenner Kreuzworträtsel.

Das ist wirklich ein Sonderservice: Zeitungen lassen nicht nur Köpfe zum Vergnügen ihrer Leser rollen, nein, sie ermöglichen es ihnen, sich sogar selbst den Kopf zu zerbrechen.

In südlichen Ländern ist die Quote der Kopfzerbrecher besonders hoch, da der strahlende Sonnenschein zum Faulenzen einlädt.

Aufs Kreuz gelegte Kreuzworträtsel

Auch ich weiß mir kaum etwas Schöneres, als im goldenen Sonnenschein am Strand des Mittelmeers zu liegen, das Gesicht mit einer Zeitung zugedeckt, und rings um mich versinkt die Welt. Ich bin allein mit der Natur und höchstens noch mit dem Tennisball, der mir von Zeit zu Zeit an den Kopf fliegt. Und mit dem Sand. Und den Stechfliegen. Und einer lärmenden Schar von süßen, gesunden, stimmkräftigen kleinen Engeln. Wirklich, es ist eine Qual, am Strand zu liegen.

Gleichviel – ich lag am Strand, im goldenen Sonnenschein, das Gesicht mit einer Zeitung zugedeckt – aber das habe ich wohl schon gesagt. Nur stimmte es gleich darauf nicht mehr. Denn einer dieser pausbäkkigen Kriminellen trat herzu und zog mir die schützende Zeitung vom Gesicht:

»Darf ich?«

»Bitte«, sagte ich resignierend.

Kaum hatte ich mir eine neue, halbwegs erträgliche Lage gesucht, in der ich meine Augen mit dem linken

Unterarm gegen das Sonnenlicht abschirmte, als aus der Horde der Zuruf eines Rotkopfs mich aufschreckte:
»He, Sie! Wir möchten das Kreuzworträtsel lösen!«
Das war zuviel. Nicht genug, daß dieses verwahrloste Pack mich des Sonnenschutzes beraubte – jetzt wollen sie mir auch noch die einzige kleine Freude verderben, die ich auf Erden noch habe. Kreuzworträtsellösen ist mein einziges, geliebtes Hobby. Ich weiß wirklich nicht, warum ich es schon seit fünfzig Jahren nicht mehr ausübe.
»Nein«, erklärte ich mit fester Stimme. »Das Kreuzworträtsel werdet ihr nicht anrühren. Verstanden?« Und ich versuchte weiterzudösen.
Ein schriller Schrei schreckte mich neuerdings auf: »Fünf Buchstaben, du Idiot! Fünf!!«
Sie lösten es also doch, das Kreuzworträtsel. Obwohl ich's ihnen ausdrücklich verboten hatte, diesen Tunichtguten und Taugenichtsen.
»Vierbeiniges Säugetier mit fünf Buchstaben, auch Zugtier«, rätselte der Rotkopf laut vor sich hin, während seine Kumpane in tiefes Nachdenken versanken.
»Zuerst ist es ganz gut gegangen, aber gegen Ende wird so ein Rätsel immer schwerer«, ließ sich ein anderer vernehmen. »Fünf Buchstaben ... Zugtier ... weißt du's vielleicht, Pink?«
Pink wußte es nicht. Aber von irgendwoher aus dem Haufen erklang es plötzlich triumphierend: »Stier!«
Das Wort wurde eingetragen, die Stimmung hob sich. Bei drei senkrecht gab es ein neues Hindernis:
»Held eines Romans von Dostojewskij, dessen Dramatisierung demnächst im Nationaltheater zu sehen sein wird. Elf Buchstaben, der erste ist ein K.«
»Der Tod des Handlungsreisenden?« fragte ein weibliches Bandenmitglied, wurde aber belehrt, daß dies mehr als elf Buchstaben wären.

»Hamlet?«
»Lächerlich. Es muß doch mit einem K anfangen.«
Ich konnte diese Orgie der Unwissenheit nicht länger ertragen. Als humanistisch gebildetem Europäer war mir natürlich von Anfang an klar gewesen, daß es sich um den unsterblichen Helden von »Schuld und Sühne« handeln müsse. Und mit jener Nachlässigkeit, die wahrhaft überlegenen Geistern zu eigen ist, warf ich der Horde den Namen »Raskolnikow« hin.
Das betretene Schweigen, das daraufhin entstand, wurde von einem höhnischen Gejohle abgelöst:
»Wo bleibt das K, Herr, wo bleibt das K?«
Der Ruf Europas stand auf dem Spiel. Wenn ich diesem asiatischen Abschaum nicht augenblicklich meine kulturelle Überlegenheit beweisen konnte, war Europa in diesem Teil der Welt erledigt.
»Laßt mich einmal das Rätsel sehen«, sagte ich herablassend. »Wo habt ihr denn das K überhaupt her?«
Sie hatten es von fünf waagrecht, einer südamerikanischen Hauptstadt mit vier Buchstaben, die sie als Kuba eintrugen.
»So geht's nicht, Kinder.« Ich setzte ein mildes Lächeln auf und änderte Kuba in »Rima«, weil ich das R für Raskolnikow brauchte. »Rima, liebe Kinder, ist die Hauptstadt von Peru. In Europa weiß das jeder.«
»Nicht Lima?« fragte der unverschämte Rotschopf. Er wurde von den anderen sofort niedergebrüllt, was kein geringes Vertrauensvotum für mich bedeutete. Ich konnte jetzt getrost daran gehen, die durch Rima nötig gewordenen Änderungen vorzunehmen. Als erstes wurde das senkrecht eingetragene »Volk« in »Publ« verwandelt.
»Publ?« Schon wieder der Rotkopf. »Sind Sie sicher?«
»Natürlich ist er sicher«, wies ihn seine gummikauende Freundin, ein offenbar recht wohlerzogenes Mädchen,

zurecht. »Stör' doch den Herrn nicht immer. Ich wollte, du wärest halb so gescheit wie er!«
Ich nickte ihr gütig zu und fuhr mit meiner Korrekturarbeit fort. Fünf senkrecht, eine elektrische Maßeinheit, wurde dank Rima mühelos als »Iock« agnosziert, ein Wasserfahrzeug ebenso mühelos als »Kiki«. Um diese Zeit war mir nicht mehr ganz geheuer zumute, aber so knapp vor Schluß konnte ich nicht aufgeben.
»Mexikanischer Raubvogel mit fünf Buchstaben.« Über meine Schulter las Pink eine der wenigen noch ungelösten Legenden. »Erster Buchstabe B, letzter T.«
Unter allgemeinem Jubel und Händeklatschen entschied ich mich für »Bisot«, achtzehn waagrecht, die von Anwälten ausgeübte Beschäftigung entpuppte sich als »Fnuco« und die lateinische Übersetzung von Bleistift als »Murs«. Von da an stieß ich auf keine Schwierigkeiten mehr. Jugoslawische Hafenstadt: Stocki. Führende Macht der westlichen Hemisphäre (abgekürzt): ULM. Feldherr im Dreißigjährigen Krieg: Wafranyofl.
Als ich fertig war, lag mir die Jugend zu Füßen.
Heute reicht mein Ruhm von Küste zu Küste. Wer mich sucht, braucht nur nach dem »Strandlexikon« zu fragen. Man findet mich dort, Kreuzworträtsel lösend, andächtig umringt von der zukünftigen Elite des Landes.

Die Presse hat auch eine wesentliche soziale Aufgabe. Sie kann sich im besten Fall als ein verläßlicher Freund in der Not erweisen im Rahmen der wohltätigen Kolumne »Tante Sibylle gibt Rat und Hilfe«. Üblicherweise wird diese Rubrik vom Portier des Zeitungshauses verfaßt und beschäftigt sich auch mit intimsten Anliegen (»Wenn Ihr Mann seit 55 Jahren kein sexuelles Interesse mehr an Ihnen hat, dann ist das ein untrügliches Zeichen, daß er älter geworden ist.«) und kosmetischen Problemen (»Ihre Haare fallen beim Waschen büschelweise aus? Hören Sie auf mit dem Haarewaschen.«)
Es gibt noch weitere umweltfreundliche Rubriken in der heutigen Presse, mit deren Hilfe man ältere Verwandte und jüngere Masseusen finden kann. Spätere Ehe nicht ausgeschlossen.

Saga einer romantischen Heiratsvermittlung

New York, im Frühling

An den
Herrn Ministerpräsidenten
Jerusalem

Lieber Ministerpräsident!
Obwohl ich erst 21 Jahre alt bin, habe ich schon sehr viel über Ihr schönes Land gehört. Ich bin ein großer Bewunderer des Nahen Ostens. Das sage ich nicht nur als Jude, sondern als ein ausgesprochen intellektueller Typ. Ich habe eine kleine Bitte an Sie. Vor einiger Zeit bekamen wir von Verwandten, die in Israel zu Besuch waren, eine kleine Schachtel mit Sand aus dem Heili-

gen Land. Sie hatten ihn am Strand von Tel Aviv für uns gesammelt. Seither steht die Schachtel mit dem Sand bei uns auf dem Kamin und wird von allen unseren Gästen bewundert. Aber das ist nicht der Grund, warum ich Ihnen schreibe. Sondern, die Schachtel war in eine illustrierte Zeitschrift aus Israel eingepackt, die »Dawar Hapoëlet« heißt. Eines der dort veröffentlichten Bilder zeigte einige junge Mädchen beim Pflücken der Pampas, oder wie man das bei Euch nennt. Mich fesselte besonders der Anblick einer etwa achtzehnjährigen Pampaspflückerin, deren süße kleine Nase aus der Reihe der anderen hervorstand.

Es war Liebe auf den ersten Blick. Dieses Mädchen verkörpert für mich die Wiedergeburt des jüdischen Volkes vom landwirtschaftlichen Standpunkt aus. Ich muß sie unbedingt kennenlernen oder ich weiß nicht, wie ich weiterleben soll. Meine Absichten sind vollkommen ehrbar. Seit ich dieses Mädchen gesehen habe, esse und trinke ich nicht. Ich gehe auf Wolken. Was für eine Nase! Das Bild liegt bei. Bitte finden Sie meine Braut. Vielen Dank im voraus.

Ihr aufrichtiger
Harry S. Trebitsch

Streng vertraulich!

Israelische Botschaft
Psychopathisches Departement
Washington

WER IST DIESER ÜBERGESCHNAPPTE?

Kanzlei des Ministerpräsidenten
Direktor des Informationsdienstes

DRINGEND – MPBUERO INFORMATION JERUSALEM – SEIN VATER HAT VIERTELMILLION DOLLAR GESPENDET STOP TAKTVOLL BEHANDELN SCHALOM

BOTSCHAFT WASHINGTON

Herrn
Harry S. Trebitsch jr.
New York

Sehr geehrter Herr Trebitsch!
Ihr Brief an unseren Ministerpräsidenten ist ein neuer Beweis dafür, daß das ewige Licht, welches dem Judentum durch die Jahrtausende geleuchtet hat, niemals verlöschen kann. Wir werden uns bemühen, die Auserwählte Ihres Herzens zu finden, und haben bereits auf breitester Basis mit den Nachforschungen begonnen, an denen sich auch die Polizei mit eigens für diesen Zweck trainierten Bluthunden beteiligt. Sobald ein Ergebnis vorliegt, verständigen wir Sie via Radio. Bis dahin unsere besten Wünsche und SEHR HERZLICHE GRÜSSE AN IHREN LIEBEN PAPA!

Israelisches Außenministerium
Foto-Identifizierungs-Sektion

JUNGER AMERIKANER SUCHT GLÜCK

»DIE ODER KEINE!« SAGT REICHER TREBITSCH-ERBE / BLUTJUNGE ISRAELIN MIT WUNDERSCHÖNER NASE / JUNGES PAAR WILL FLITTERWOCHEN ZUSAMMEN VERBRINGEN / ROMANZE DES JAHRHUNDERTS.
(Bericht unseres Sonderkorrespondenten aus Tel Aviv)

Mit angehaltenem Atem folgt das ganze Land der Liebesgeschichte zwischen dem jungen amerikanischen

Millionär und einer bezaubernd schönen Schafhirtin. Das Bild, das die Liebe des jungen Harry S. Trebitsch entflammt hat, erschien in einer hiesigen Illustrierten und wird derzeit von der Anthropologischen Abteilung des Technikums in Haifa geprüft. Radio Israel sendet in halbstündigen Intervallen einen Aufruf an das junge Mädchen, sich zu melden.
Für zweckdienliche Nachrichten sind hohe Belohnungen ausgesetzt.
Besondere Kennzeichen: eine kleine, aristokratische, in etwa 12gradigem Winkel aufwärts gerichtete Nase. Seit einigen Tagen beteiligt sich auch die israelische Luftwaffe an der Suche. Man hofft allgemein, daß die beiden Liebenden bald vereint sein werden.
LETZTE MELDUNG:
Die zu Kontrollzwecken abgehaltenen Paraden in den Universitäten verliefen ergebnislos. Die Flotte steht in Bereitschaft.

An das
Ministerium für Auswärtige Angelegenheiten
Foto-Identifizierungs-Sektion
Jerusalem

Liebe Freunde!
In Beantwortung Ihres Schreibens müssen wir Ihnen leider mitteilen, daß wir keine Ahnung haben, wer die Mädchen auf dem betreffenden Foto sind. Wir konnten lediglich feststellen, daß das Bild in unserer Ausgabe vom 3. August 1937 erschienen ist.

Mit Arbeitergruß:
»Dawar Hapoëlet«
Der Chefredakteur

Vom Außenminister des Staates Israel

Mein lieber Harry S.,
entschuldigen Sie bitte, wenn ich mich in Ihre persönlichen Angelegenheiten einmische – aber ich habe das Bedürfnis, Ihnen meine Bewunderung für Ihre großartige Beharrlichkeit auszudrücken. Junge Liebe ist etwas Herrliches. Junge Liebe auf den ersten Blick ist noch herrlicher.
Dennoch kann ich einen nüchternen, realistischen Gedanken nicht unterdrücken. Wäre es nicht vielleicht besser, dieses wunderschöne Abenteuer auf sich beruhen zu lassen, solange es noch ein wunderschönes Abenteuer ist? Wer weiß, was daraus entstehen mag, wenn es mit der rauhen Wirklichkeit konfrontiert wird! Sie sind noch jung, mein lieber Harry. Reisen Sie, studieren Sie, lernen Sie die Welt kennen, zeichnen Sie Israel-Anleihe! Ein glückliches, reiches Leben liegt vor Ihnen.

Mit allen guten Wünschen
Ihr Außenminister

DRINGEND – AUSSENMIN JERUSALEM – JUNGE WIRD TOBSUECHTIG SENDET SOFORT NASENMÄDCHEN ODER KEIN CENT MEHR

FRANKLIN D. TREBITSCH

Herrn
Franklin D. Trebitsch
New York

Sehr geehrter Herr!
Wir haben die Ehre, Ihnen mitzuteilen, daß es den israelischen Grenzpatrouillen gelungen ist, die reizende

Eigentümerin der gesuchten Nase festzustellen. Sie heißt Fatma Bin Mustafa El Hadschi, hat auf unser nachdrückliches Betreiben in die Scheidung von ihrem Gatten eingewilligt und ihren bisherigen Wohnort Abu Chirbat El-Azun (Galiläa) bereits verlassen. Sie befindet sich mit ihren Kindern auf dem Wege nach New York.
Dem jungen Paar gelten unsere herzlichen Wünsche. Möge der Herr ihnen Glück und Freude in diesem erbärmlichen Leben gewähren.

Mit besten Empfehlungen
und allen guten Wünschen
Israelische Botschaft
Washington

DRINGEND – ISRBOTSCHAFT WASHINGTON – HARRY S. TREBITSCH SPURLOS VERSCHWUNDEN STOP ANGEBLICH IN ALASKA GESICHTET

INTERPOL

Nicht nur junge Nasenjäger finden in der Zeitung ihren Freund und Helfer, sondern auch manch abgetakelter Schriftsteller erwacht durch die Literaturbeilage einschlägiger Blätter zu neuem schöpferischem Leben.

Der dornenreiche Weg zur literarischen Seligsprechung

Nach der Anzahl seiner im Druck vorliegenden Werke zu urteilen, war Jakob Schreibermann ein arrivierter Autor, denn er hatte nicht weniger als dreizehn Bücher veröffentlicht. Leider wurden sie von den Lesern nicht zur Kenntnis genommen. Die Möglichkeit, daß der eine oder andere Sonderling das eine oder andere der dreizehn Bücher gelesen hatte, läßt sich zwar nicht gänzlich ausschließen, aber keines von ihnen ist jemals gekauft worden. Sie vergilben allesamt in den Lagerräumen.

Jakob Schreibermann litt entsetzlich unter diesem offenbar unabänderlichen Schicksal. Er wanderte von Redaktion zu Redaktion, er wartete und ging wieder weg und kam zurück und wartete aufs neue und kam abermals zurück und fiel auf die Knie und bettelte und flehte und kam nochmals zurück und weinte und wehklagte und kam so oft zurück, bis schließlich alle Zeitungen ein paar lobende Zeilen über sein jeweils jüngstes Werk gebracht hatten. Einmal wurde ihm von einem Literaturredakteur nahegelegt, die kurze Notiz der Einfachheit halber selbst zu schreiben – er, der Autor, wüßte ja über sein Buch besser Bescheid als irgendein Fremder. Jakob wollte den Mann im ersten Impuls ohrfeigen, besann sich jedoch eines besseren, ging nach Hause und schrieb die vereinbarte Eigenrezension. Natürlich schrieb er sie nicht unter seinem Namen, sondern unter einem Pseudonym: Ingeborg-Maria Sluchowsky. Sie geriet so enthusiastisch, daß sogar Jakob von Begeisterung übermannt wurde und heiße Dankbarkeit für Frau Sluchowsky empfand – aber das Buch blieb trotzdem liegen.

Ab und zu suchte Jakob die Buchhandlung an der Straßenecke auf:

»Wie geht mein Buch?« fragte er.
»Schlecht«, antwortete der Buchhändler. »Sehr schlecht. Vielleicht zieht's zu den Feiertagen ein wenig an. Aber vorläufig ist nichts los damit. Absolut nichts.«
»Wie ist das möglich?« beharrte Jakob. »Wo doch in allen Zeitungen so gute Besprechungen erschienen sind?«
Daraufhin zuckte der Buchhändler nur noch die Achseln.
Jakob Schreibermann war der Verzweiflung nahe. Er erwog, das Verfassen von Büchern überhaupt aufzugeben und sich der Literaturkritik zuzuwenden. Dann entschloß er sich zu einem letzten produktiven Versuch, schrieb einen Roman über einen demobilisierten Soldaten, der die Kasse eines Kibbuz veruntreut hatte, und gab ihm den Titel »Der Moosmacher«, womit er sowohl den landwirtschaftlichen Hintergrund als auch den Charakter des Helden andeuten wollte. Die Kritik sprach von einem Meilenstein bzw. Höhepunkt bzw. Wahrzeichen der neueren Literatur, und das Buch wurde nicht gekauft.
Jakobs Nerven begannen zu versagen. Als er eines Tages im Autobus saß und von einem vollbärtigen Fahrgast aufgefordert wurde, seinen Sitzplatz einer älteren Dame zu überlassen, reagierte er äußerst unwirsch. Das fiele ihm gar nicht ein, sagte er, es hätte ja auch niemand seinen Roman »Der Moosmacher« gekauft, und warum sollte er sich den Menschen dafür noch gefällig zeigen.
Der Vollbart – der, was Jakob nicht wußte, ein führender israelischer Literaturkritiker und obendrein mit der betreffenden Dame verheiratet war – erwiderte nichts, stieg aus, erwarb ein Exemplar des »Moosmachers« und schrieb eine vernichtende Kritik:
»... Es ist ein erbärmlicher Einfall«, hieß es dort unter anderem, »aus einem israelischen Soldaten, einem hel-

denhaften Verteidiger unseres Vaterlandes, einen Betrüger zu machen. Davon abgesehen, hat Herr Schreibermann keine Ahnung vom Aufbau eines Romans, wie ihm ja überhaupt die Kenntnis aller Regeln und Gepflogenheiten abgeht. Er gehört offenbar zu jener jungen Generation, die nicht einmal soviel Lebensart besitzt, im Autobus älteren Damen Platz zu machen. Und von solchen Leuten müssen wir uns etwas erzählen lassen!«

Nach der Lektüre dieser Kritik wollte Jakob Schreibermann aus dem Fenster springen. Erst als er auf dem Fensterbrett stand, erkannte er die Zwecklosigkeit seines Vorhabens: Er wohnte ebenerdig. Also setzte er sich hin und schrieb einen 26 Seiten langen Entschuldigungsbrief an den bärtigen Kritiker, flehte ihn an, ihm noch eine letzte Chance zu geben, er würde von jetzt an immer im selben Bus mit ihm fahren und der verehrten Gattin des verehrten Literaturpapstes pausenlos seinen Sitz anbieten, nur möge jener um Himmels willen aufhören, ihn öffentlich zu zerfleischen.

Auf dem Weg zum Postamt widerfuhr Jakob ein Wunder. Der Buchhändler an der Ecke teilte ihm mit, daß er bereits vier Exemplare des »Moosmachers« verkauft hätte, und das grenzte nach örtlichen Begriffen an einen Bestseller.

Jakob wurde von einem wilden Freudentaumel ergriffen und zerriß den Brief.

Noch in derselben Woche gab es einen weiteren Angriff auf ihn. Ein anderer führender Kritiker, erbost darüber, daß er den »Moosmacher« nicht als erster verrissen hatte, schrieb eine noch bösere Kritik, bezeichnete den Roman als ödes Geschmiere und den Autor als Schandfleck der Nation, warnte vor den demoralisierenden Folgen solcher Bücher und gab anschließend der Hoffnung Ausdruck, daß sich für Jakob Schreibermann kein Verleger mehr finden würde.

Diesmal dachte Jakob nicht mehr daran, aus dem Fenster zu springen. Hatte ihn doch der Buchhändler an der Ecke informiert, daß der Verkauf des »Moosmachers« um sechs weitere Exemplare angestiegen sei – ein in der Literaturgeschichte Israels einmaliges Ereignis, das eine Wende in der Haltung des lesenden Publikums zu signalisieren schien. Und sein Verleger, dem er zufällig auf der Straße begegnete, beantwortete Jakobs Gruß mit einem freundlichen »Hallo, wie geht's?«

Der Trend hielt an.

Wenige Wochen später wurde Jakob Schreibermann, der ebenso bekannte wie umstrittene Autor, zu einer spontanen Pressekonferenz als Hauptredner eingeladen. Er nahm die Gelegenheit wahr, sich gründlich mit seinen Kritikern auseinanderzusetzen. Er stehe hinter jedem Wort seines Romans, sagte er, und niemand, auch kein noch so einflußreicher Möchtegern-Fachmann, könne ihn davon abbringen, »daß ein demobilisierter Soldat unter bestimmten Umständen durchaus fähig wäre, eine Kibbuzkasse zu veruntreuen«.

Diese kühnen Worte schmückten am nächsten Tag die Titelseiten der Tagespresse und riefen einen Sturm der Entrüstung hervor.

Prominente Persönlichkeiten wandten sich in Leserbriefen und Protestversammlungen gegen den Roman, und Jakob bekam den ersten Vorschuß seines Lebens.

In einer stillen Stunde las er sein Werk nochmals und stieß auf einige schlüpfrige Stellen, die er rot anzeichnete und mit der Randbemerkung »Pornographie!!« versah. Dann schleuderte er das Exemplar durch ein offenes Fenster in die Wohnung des angesehenen Literaturkritikers K. Levkovitz.

Die gewünschten Folgen ließen nicht lange auf sich warten. Im Kulturteil einer vielgelesenen Wochenzeitschrift erschien ein dreispaltiger Artikel von Levkovitz, der wohl das Schärfste darstellte, was bisher gegen den »Moosmacher« geschrieben worden war: »Welch ein Abgrund sittlichen Tiefstandes tut sich hier vor uns auf! Da ist, um nur ein einziges Beispiel zu nennen, von den ›bebenden Brüsten einer jungen Mulattin‹ die Rede, die sich ›wie zwei Hügel aus Schokolade unter ihrer durchsichtigen Bluse wölbten‹, und ähnliches mehr. Mit solchen Mitteln wird auf die niedrigsten Instinkte des Lesers spekuliert. Wer braucht diesen schmierigen Ausfluß einer perversen Phantasie? Es ist ein Skandal, daß so etwas bei uns überhaupt gedruckt wird!«

Tags darauf bildeten sich vor den Buchhandlungen Schlangen von Käufern, die »das Buch mit den Schokoladehügeln« verlangten.

Die Auflage war in wenigen Stunden vergriffen, auf dem schwarzen Markt wurden Überpreise für die wenigen noch vorhandenen Exemplare gezahlt, und als Schreibermann den Literaturprofessor in einem Zeitungsinterview als »alten impotenten Ziegenbock« bezeichnete, forderte dieser in einem offenen Brief an den Unterrichtsminister das Verbot des Romans, selbstverständlich erfolglos.

Es erschien im Gegenteil eine zweite und kurz darauf eine dritte Auflage.

Jakob Schreibermanns Popularität wuchs ebenso wie sein Bankkonto. Er wurde zu einem begehrten Gast auf öffentlichen und privaten Veranstaltungen, zu einem gesuchten Partylöwen und zur Hauptfigur auf der Jahresversammlung des Journalistenverbandes, wo er sich durch höhnische Zwischenrufe bemerkbar machte und in einer kurzen Wortmeldung behauptete, daß die israelische Literatur im vergangenen Jahr außer dem »Moosmacher« nichts Nennenswertes hervorgebracht hätte. Ein Teil der Presse wandte sich heftig gegen

diese Anmaßung, ein anderer Teil schlug sich auf die Seite des Autors und schien recht zu behalten: Schreibermann wurde mit einem der begehrtesten Literaturpreise des Landes, dem der ehrwürdigen Grinbotter-Stiftung ausgezeichnet.
Bald nach der feierlichen Preisverleihung brachte ein vielgelesenes Boulevardblatt einen von Ingeborg-Maria Sluchowsky gezeichneten Artikel, der in der rüdesten Weise über die Preisrichter und den Autor herfiel und von unaussprechlichen Beschimpfungen und persönlichen Beleidigungen strotzte.
Kurz und gut: dies kam einer totalen Vernichtung gleich.
Mittlerweile liegt der »Moosmacher« in einer sechzehnten Auflage vor, und der Kampf der Meinungen wogt immer noch hin und her.
Jakob Schreibermann wird, wenn die Presse nicht bald aufhört, ihn zu beschimpfen, über kurz oder lang als der bedeutendste Schriftsteller seiner Generation gelten.

Ja, Literaturbeilagen können manchmal Wunder wirken, aber normalerweise ist Kulturkritik kein wie immer gearteter Gesprächsstoff. Theaterkritiken zum Beispiel, werden eher durch Zufall als mit Absicht überflogen, und der Konsument geht meist rasch zur Tagesordnung über.

Öffentliche Analyse eines Verrisses

Mir allerdings kann es von Zeit zu Zeit passieren, daß ich eine besonders gute Rezension sorgfältig ausschneide und in ein Spezialalbum einklebe, sie auf Mikrofilm übertrage, oder daß ich eine kleine Ausstellung der enthusiastischsten Kritiken meiner Stücke arrangiere. Aber dabei belasse ich es dann. Man soll schließlich nicht übertreiben.

Vor einiger Zeit zum Beispiel verfaßte ein gewisser Weintraub-Pryznitz höchst Vorteilhaftes über mein neues Stück:

»... der Dialog war spritzig und ein wahres Vergnügen für die Zuschauer«, schrieb er. »Ich glaube, daß trotz eines gewissen Hanges zu Übertreibungen sein Stil von bemerkenswerter Klugheit, Reife, Weltoffenheit und polemischer Schärfe ist.«

So etwas nimmt man ganz lässig zur Kenntnis und klebt es in den Band Nummer acht mit der Überschrift »Bravo bis Hurra«.

Und was passiert dann? Man zeigt sich in der Stadt und trifft gute Freunde:

»Hör mal«, sagen die guten Freunde. »Was hat dieser Weintraub-Pryznitz gegen dich?«

»Warum? Die Kritik war doch ganz anständig.«

»Anständig nennst du das? Die Passage mit der Übertreibung war schlicht und einfach beleidigend.«

Auch im Kaffeehaus schlägt einem sofort eine Welle des Mitleids entgegen: »Nimm's nicht tragisch«, lautet der Grundtenor. »Dieser Weintraub-Pryznitz ist ein Vollidiot. Ignorier ihn einfach.«

Auch auf gute Ratschläge stößt man dann: »Warum läßt du dir das gefallen? Wofür hält sich dieser Weintraub-Pryznitz eigentlich?«

Also geht man nach Hause und liest die Kritik noch einmal durch.
Wirklich eine Unverschämtheit! Wie kommt dieser Dilettant nur auf »Übertreibungen«? Man sollte ihm gründlich die Meinung sagen, was Übertreibungen wirklich sind, der Schlag soll ihn treffen!
Man macht sich sogleich auf den Weg zu Weintraub-Pryznitz und sagt ihm:
»Jetzt hören Sie einmal gut zu, Herr Weintraub-Pryznitz. Wenn Sie nicht mit diesem elenden Geschreibsel aufhören, werden Sie was erleben!«
Weintraub-Pryznitz entschuldigt sich auf der Stelle, erklärt, daß er das Stück eigentlich gar nicht gesehen hat und verspricht eine Richtigstellung zum nächstmöglichen Termin.
Und tatsächlich, schon einige Tage später steht in seiner Kolumne: »Das Stück zeigt eindeutig, daß sich sein Autor zu einem der besten Bühnenschriftsteller des Landes entwickelt hat. Bravo!«
Man liest das und fühlt sich einigermaßen rehabilitiert. Und zwar genau so lange, bis man wieder ins Kaffeehaus geht. »Sag mal«, hört man da, »was hat dieser Trottel gegen dich?«
»Wieso?«
»Dieser Kerl bezeichnet dich doch tatsächlich als einen der besten Bühnenschriftsteller des Landes! Verstehst du noch immer nicht? ›Einen‹ sagt er! Der will dich ruinieren.«
Also sucht man das Monster aufs neue heim und fordert: »Paß auf, Weintraub-Pryznitz, noch ein abträgliches Wort, und du hast ausgelitten!«
Wimmernd sagt Pryznitz zu, nach dem Besten sein Allerbestes zu tun und füllt seine Kolumne wie folgt:
»... er ist mit absoluter Gewißheit der beste Bühnenautor aller Zeiten. Halleluja.«

Man zeigt das seinen Freunden.
»Oh Gott, oh Gott!« meinen die. »Er muß dich aus tiefster Seele hassen, dieser Psychopath.«
»Aber wieso?« erwidert man. »Ein größeres Lob gibt es doch gar nicht.«
»Du naiver Tropf!« bemühen sich die Freunde. »Es sind nicht die Worte, die da zählen, sondern die Absicht.«
Also nimmt man endgültige Rache an Weintraub-Pryznitz und haut ihm eine Eisenstange über den Schädel.
Und nun sagen alle:
»Was hattest du eigentlich gegen den armen Kerl? Er hat doch immer nur in Superlativen über dich geschrieben.«
Hier gibt man den Beruf des Bühnenautors auf.
Es ist problemloser, Freund zu sein.

Ein ganz anderes Kapitel aber eröffnet die Kunstkritik.
Buchbesprechungen lesen höchstens zwei Personen, der Korrektor und der Autor. Die Theaterkritik ruiniert nur die Schauspieler, die aber wegen der Konventionalstrafe nicht das Weite suchen können.
Die Kunstkritik hingegen spielt eine fast allmächtige Rolle in ihrer Branche seit die schönen Künste zu Mülldeponien und Fettschmierereien verkommen sind. Seit die Kunst unverständlich geworden ist, blieb als einzige

Autorität Seine Majestät, der Kunstkritiker. Sein unerschöpflicher Reichtum, imposantes Kauderwelsch aus dem Ärmel zu ziehen, macht ihn zum einzigen Cicerone durch das Labyrinth der modernen Kunst.
Unter diesen Auspizien bleibt den Künstlern keine andere Wahl, als mit den Wölfen zu heulen, oder unter die Räder zu kommen. Einen dritten Weg gibt es nicht. Kein Kritiker, keine Zeitung, kein künstlerisches Forum würde es wagen, einen Maler ernst zu nehmen, der seine Kunst noch ernst nimmt, und einfach malt.

Die Rezensionsschlacht bei Waterloo

Für Kunstlieberhaber, die Stilleben und Landschaften in der Art der alten niederländischen Schule schätzen, wären die Bilder des Kunstmalers Raphael Geiger durchaus akzeptabel. Sein unübersehbares Manko jedoch ist, daß er nicht zur Blütezeit der Niederländischen Schule lebte, sondern heute, und noch dazu im freien, progressiven Westen.
Unbeschadet dieser Tatsache mietete der naive Maler eines Tages die Ausstellungsräume der Galerie Zimbalist, um dort 109 Gemälde auszustellen. Zur Vernissage verschickte er sechshundert Einladungen auf Büttenpapier mit Golddruck an das kunstinteressierte Publikum sowie an die Kunstkritiker der Presse.
Zur Vernissage erschienen jedoch nur drei blutjunge Journalisten, in der irrigen Annahme, daß es außer 109 Gemälden auch etwas zu essen geben würde. Raphael Geiger hielt vor den drei hungernden Schreiberlingen und zweiundzwanzig Verwandten eine erläuternde Einführungsrede, in deren Verlauf er seinen neo-konservativen, perspektivialen Colorismus in bewegten Worten

verständlich zu machen suchte. Gleichzeitig betonte er, daß er sich von der derzeit vorherrschenden Strömung des abstrakten Experimentalismus nicht beeinflussen ließe. Die anwesenden Verwandten klatschten lauten Beifall und gingen nach der Vernissage unverzüglich in eine Schnellimbißstube.
Tags darauf kaufte sich Raphael Geiger sämtliche Zeitungen, doch mußte er feststellen, daß seine Ausstellung mit keinem Wort erwähnt war. Lediglich eine der Zeitungen warf die Frage auf, warum es in der Galerie Zimbalist keine Klimaanlage gäbe, bei der dort vorherrschenden Hitze drohte man zu ersticken, daher sollte das Gesundheitsministerium schleunigst einschreiten.
Eine Woche nach Ausstellungseröffnung war noch kein Besucher in der Galerie Zimbalist erschienen. Raphael Geiger, der ununterbrochen am Eingangstor stand, war völlig verzweifelt. Eines Morgens erbarmte sich die jemenitische Putzfrau des Malers und erklärte ihm, daß in den Zeitungen Rezensionen erscheinen müßten, dann würden auch Interessenten kommen. Der Maler fragte, was er unternehmen müsse, damit über seine Bilder geschrieben würde. Die Putzfrau sagte zu ihm:
»Malen Sie doch wie alle anderen Herren solche krankhaften Bilder, die kein normaler Mensch versteht.«
Raphael Geiger wandte sich daraufhin an seinen Schwager, der als Oberkellner im Kunsthaus tätig war. Dieser gab ihm ein Empfehlungsschreiben an einen Redakteur der Gewerkschaftszeitung.
Geiger ging frohen Mutes in die Redaktion und mußte dort zu seinem Leidwesen erfahren, daß in diesem Blatt niemals und unter keinen Umständen aufgrund persönlicher Beziehungen Rezensionen veröffentlicht werden könnten. Abschließend fragte der Redakteur den Maler, ob er denn überhaupt Gewerkschaftsmitglied sei. Glücklicherweise konnte Raphael Geiger dies bejahen,

denn als ehemaliger Versicherungsagent war er der Gewerkschaft beigetreten. Der Redakteur überprüfte den Mitgliedsausweis, stellte fest, daß alle Marken bis einschließlich Juli ordnungsgemäß geklebt waren und versprach dem Maler eine kurze Rezension. Gleichzeitig bat er um einen Ausstellungskatalog, da er sehr beschäftigt sei und die Ausstellung nicht persönlich besuchen könne.
Von diesem Tag an kaufte Geiger täglich die Gewerkschaftszeitung, aber es erschien keine Rezension. Also rief er den Redakteur an. Dieser teilte ihm mit, daß es eine längere Warteliste für Rezensionen gäbe, dreizehn Maler wären noch vor ihm dran...

Die Ausstellung hatte noch immer kein Mensch besucht. Aber Geiger war nicht so leicht zu entmutigen. Der naive Maler suchte den bedeutendsten aller Kunstkritiker, Herrn J. L. Kunststetter, in seiner Wohnung auf. J. L. Kunststetter konnte auf eine glänzende Karriere zurückblicken. 32 Jahre lang hatte er selbst figurative Bilder gemalt, doch ohne Erfolg, da die Kritiker keine Rezensionen über seine Ausstellungen schrieben. Eines Tages kam ihm die Erleuchtung. Er ließ die Malerei links liegen und wurde zum aggressivsten und gefürchtetsten Kunstkritiker des Landes. Sein Hauptangriffsziel war übrigens die figurative Malerei.
Drei Tage lang wartete Raphael Geiger an der Türschwelle des großen Mannes, und als dieser endlich erschien, verneigte sich Geiger ehrfurchtsvoll vor ihm und bat ihn, die Galerie Zimbalist zu besuchen.
J. L. Kunststetter war natürlich angesichts dieser Zudringlichkeit empört, doch nachdem ihm Geiger er-

klärte, daß seine Frau auch in Bialistok geboren sei, erbarmte er sich und schlug dem Maler vor, täglich um sechs Uhr mit einem Taxi bei ihm vorbeizufahren für den Fall, daß er irgendwann einmal die Zeit für einen Galeriebesuch hätte.

Raphael Geiger war beglückt und erschien tatsächlich einen Monat lang zur genannten Zeit vor Kunststetters Haus. An einem Dienstag war ihm das Glück hold und Kunststetter gnädig, er ließ sich von Geiger in die Galerie bringen. Der große Mann marschierte eiligen Schrittes an den diversen Stilleben vorbei und verließ wortlos, von Brechreiz gewürgt, die Ausstellung. Von einer Rezension nahm er gnädig Abstand.

Dann geschah aber etwas Unerwartetes.

In der Gewerkschaftszeitung erschien unverhofft ein langer Essay über die vielen erfolglosen Gemäldeausstellungen in Tel Aviv. Doch mitten in dem Satz »Da ist zum Beispiel die Ausstellung in der Galerie Zimbalist, die ohne Zweifel« war der Essay plötzlich zu Ende. Geiger fuhr sofort mit dem Taxi zum Redakteur und fragte nach dem Grund. Er erfuhr, daß dieser Abbruch des Artikels notwendig geworden war, weil der Platz der Kulturseite für Inserate und Annoncen benötigt wurde. Der Redakteur schlug dem naiven Maler vor, selbst einige großformatige Annoncen aufzugeben, was die Fortsetzung des Essays in einer der nächsten Ausgaben zur Folge haben könnte.

Voll Verachtung verließ Geiger die geldgierige Redaktion. Zumal in der Zwischenzeit eine positive Entwicklung eingetreten war: Ein alter Kunstkritiker war plötzlich in der Galerie Zimbalist erschienen. Eigentlich wollte er zum Zahnarzt gehen, doch er hatte sich im Stockwerk geirrt, und weil er das nicht zugeben wollte, sah er sich die ausgestellten Bilder an.

Der alte Kritiker brachte seine Bewunderung zum Ausdruck und stellte überschwenglich fest, daß Raphael Geiger innerhalb der sträflich vernachlässigten klassischen Malkunst einen Meilenstein setze.

»Sie sind eine erfrischende Oase in der Sandwüste der heutigen Dreckschmiererei!« verkündete der alte Kritiker in jugendlicher Schwärmerei und versprach, sofort eine Rezension zu schreiben. Doch aus irgendwelchen Gründen wurde sie nirgendwo veröffentlicht.

Geiger erkundigte sich telefonisch nach den Gründen. Der alte Kritiker erklärte ihm, daß er für eine konservative Zeitung schreibe, und der Kulturredakteur dieser Zeitung sei nicht bereit, welchen Künstler auch immer zu erwähnen, der Beziehungen zu einer Gewerkschaftszeitung habe.

»Dann soll er doch etwas Negatives veröffentlichen. Wichtig ist, daß man irgend etwas über mich schreibt«, schluchzte Geiger.

»Ich habe ohnehin nur Negatives über Ihre Bilder geschrieben«, entschuldigte sich der alte Kritiker. »Ich mußte ja Ihren altmodischen Mist total verreißen, um dem konservativen Image meiner Zeitung entgegenzuwirken. Aber der Kulturredakteur behauptete, daß auch ein Verriß Reklame ist.«

Plötzlich, aus heiterem Himmel, erschien eine Rezension von J. L. Kunststetter. Überschrift: »Vandalischer Anstrich«. Die Kritik beanspruchte genau fünfeinhalb Zeilen, und Raphael Geiger wurde namentlich überhaupt nicht erwähnt. Vielmehr war von einer »anachronistischen Wanze an den Wänden der Galerie Zimbalist« die Rede.
Raphael Geiger war dennoch sehr glücklich über die erste Rezension seiner Malkunst. Er konnte allerdings nicht wissen, daß J. L. Kunststetters Verriß nur deshalb erschienen war, weil es sich bis zu ihm herumgesprochen hatte, daß Geiger in privatem Kreis Kunststetter als megalomanischen Zwerg bezeichnet hatte.
Unterdessen eröffnete sich für Raphael Geiger eine neue Möglichkeit. In einer Farbenhandlung verriet ihm ein anonymer Vermittler, daß der Starkritiker Absalom Schmückler bereit sei, über Geigers Ausstellung zu schreiben, wenn Geiger die zehnbändige »Geschichte über den Endsieg der abstrakten Kunst« von Absalom Schmückler erwerben würde.
Geiger erwarb sofort alle zehn Bände und schleppte sie zu Schmückler, um eine persönliche Widmung zu erbitten. Schmückler war tief gerührt und versprach ihm, unverzüglich eine Rezension über seine epochemachende Ausstellung.
Die Rezension erschien nirgendwo.
Also ging Geiger zu Schmückler und fragte, warum die Rezension nicht erschienen war?
»Lieber Freund«, erwiderte dieser, »ich habe natürlich eine Rezension über ihre gotischen Holzplastiken geschrieben, die man als nicht absolut negativ bezeichnen könnte, aber meine Kunstredaktion hat sich leider geweigert, sie zu veröffentlichen, weil Sie weder ein Neominimalist noch sonst irgendein exponiertes Element des perzeptuellen Konzeptualismus sind.«

Natürlich trat der Maler sofort einer Terrororganisation der neuen Linken bei und schickte dem Redakteur die entsprechenden rotfarbigen Bescheinigungen. Aber leider war in der Zwischenzeit etwas völlig Unvorhergesehenes eingetreten. Absolom Schmückler hatte sich von seiner ultralinken Monatszeitschrift distanziert und war zu der konkurrierenden Wochenzeitschrift übergewechselt. Der verbliebene Kulturredakteur rächte sich an Schmückler, indem er seine zurückgelassenen Rezensionen der Musikredaktion überließ. Und so war in der Zeitung zu lesen:
»Der Geiger Raphael Maler ist ein musikalischer Dilettant, der niemals mehr eine Geigensaite berühren dürfte...«

Danach war kein ernstzunehmendes Presseorgan mehr bereit, über Geiger zu schreiben, vor allem wegen seiner terroristischen Vergangenheit. Als Geiger dies erfuhr, trat er sofort aus der neuen Linken aus und schickte Kopien seiner Austrittserklärung, gemeinsam mit einigen überflüssig gewordenen Handgranaten, an die Redaktionen, mit der Bitte, nun endlich über seine Malerei zu schreiben. Nur eine einzige Publikation, eine dreiwöchentlich erscheinende Rätselzeitung, entsprach seiner Bitte und veröffentlichte eine Nachricht des Inhalts, daß der Komponist Mahler soeben gestorben sei.
Raphael Geiger wandte sich in seiner Verzweiflung nochmals an seinen Schwager:
»Ich glaube«, sagte er ihm, »es wäre langsam aktuell, meinen Stil der heutigen Zeit anzupassen.«
»Schon, aber wie?«

»Ich könnte zum Beispiel meine Bilder mit einem heißen Bügeleisen in Matratzen brennen.«
»Matratzen sind nicht mehr aktuell«, meinte der Schwager, »die Zukunft gehört dem bemalten Klosettdeckel. Wenn du wirklich in der heutigen Kunstwelt Beachtung finden willst, wirst du dich darauf umstellen müssen. Zufällig weiß ich von einem Großhändler für sanitäre Anlagen, der einen größeren Posten von Klosettdeckeln billig abzugeben hätte ...«
»Nein, das bringe ich nicht übers Herz«, sagte der traurige Raphael Geiger. »Irgendwie bin ich von Rembrandt korrumpiert.«
So also kam es, daß Raphael Geiger nicht in die herrschende Kunstmafia trat, sondern in den Ruhestand. Nachdem seine Ausstellung geschlossen wurde, nahm er seine Stilleben und Landschaften von den Wänden und verschenkte sie an seine Verwandten. Danach kehrte er zu seiner früheren Tätigkeit zurück und wurde ein angesehener Versicherungsagent, der in seiner Freizeit Kunstrezensionen gegen den altmodischen, pseudoniederländischen Schund schreibt. Und seither ist er zufrieden.

Bereits zu Anfang dieses Buches stellte ich fest, daß die Presse unabhängig ist von allem und jedem auf

der Welt, nur nicht von der Werbung. Blicken wir den Tatsachen ins Auge: Auch die Boulevardpresse lebt nicht von Fergies Dessous, sondern von den Agenturen, die ihnen den Etat aus einem Geldtopf zuschanzen, der fast so voll ist wie jener der Drogenmafia. Das Anzeigengeschäft blüht saisonbedingt dann besonders prächtig, wenn Parlamentswahlen vor der Tür stehen und die Parteien einige Milliarden ihrer Beute an die Steuerzahler zurückfließen lassen.
Aber das Leben muß auch zwischen den Wahlen weitergehen. Die Lage ist daher nicht einfach. Auch die schlauesten Dinosaurier sind verschwunden, als die Weiden sich mit Eis überzogen.
Eiszeiten drohen der Presse in Wirtschaftskrisen und bei Kabelfernsehexplosionen – also eigentlich immer. Die einzige Geldquelle, die niemals versiegt, wird nicht von der Werbeagentur gespeist, sondern von einer sehr private Person, dem Todesengel selbst. Er beliefert die Presse in imposanter Regelmäßigkeit mit meist viertelseitigen Todesanzeigen.

Gibt es ein Leben nach der Todesanzeige?

»Dieser Jankel bringt mich noch ins Grab!« fluchte Herr Grienbutter, Chefredakteur des »Täglichen Freiheitskämpfers«, lautlos in sich hinein. »Hundertmal hab' ich ihm schon gesagt, daß bei verschiedenen Nachrichten auch die Titel verschieden gesetzt werden müssen, besonders wenn sie auf dieselbe Seite kommen. Und was macht Jankel? Er setzt die Titel ›Gewerkschaft kündigt Neuwahlen an‹ und ›USA von Teuerungswelle bedroht‹ in gleicher Größe und in gleicher Type aneinander! Es ist zum Verrücktwerden . . .«

Herr Grienbutter riß ein Blatt Papier an sich, um eine eilige Kurznachricht an Jankel zu schreiben – wobei er ihn, wie immer in Krisenfällen, nicht mit seinem Spitznamen anredete, sondern mit der korrekten Namensform: *»Jakob Titel verschieden USA, Gewerkschaft.«* Und um sicherzugehen, daß Jakob die Botschaft auch wirklich bemerken und berücksichtigen würde, rahmte sie Herr Grienbutter mit dicken, schwarzen Strichen seines Filzschreibers ein. Dann warf er das Blatt in den Abgangs-Korb für die Setzerei und eilte aus dem Haus. Er war bei Spiegels zum Nachtmahl eingeladen und schon eine Viertelstunde verspätet.

Als Herrn Grienbutter am nächsten Morgen – wie üblich noch im Bett – die Zeitung öffnete, sank er, fast vom Schlag gerührt, in die Kissen zurück. Von der ersten Seite des »Freiheitskämpfers« glotzte ihm die folgende viertelseitige Todesanzeige entgegen:

JAKOB TITEL
ist plötzlich verschieden.
Er starb auf einer Reise in den USA.

Der Vorstand
des Jüdischen Gewerkschaftsbundes

Zornbebend stürzte Herr Grienbutter in die Redaktion, wutschnaubend fiel er über Jankel her. Jankel hörte sich die Schimpftirade ruhig an und verwies auf Grienbutters eigenhändige Arbeitsnotiz, die er für den Druck eingerichtet hatte.

Der unter diesem Schicksalsschlag wankende Chefredakteur suchte das Büro des Herausgebers auf, um mit ihm zu besprechen, wie man sich bei den Lesern des »Freiheitskämpfers« für den skandalösen Fehler entschuldigen könnte.

Zu seiner Überraschung empfing ihn der Herausgeber in strahlender Laune. Er hatte soeben von der Annoncenabteilung erfahren, daß bereits 22 hochbezahlte Traueranzeigen eingelaufen waren, die das unerwartete Hinscheiden Jakob Titels beklagten.
Herr Grienbutter wollte kein Spielverderber sein und empfahl sich schleunig.
Am nächsten Tag wimmelte es im »Freiheitskämpfer« von schwarzumrandeten Inseraten. Da hieß es etwa: *Gramgebeugt geben wir den allzu frühen Tod unseres teuren Jakob Titel bekannt. Die Konsumgenossenschaft Israels.«* Oder: *»Leitung und Belegschaft der Metallröhrenwerke Jad Eliahu betrauern das tragische Ableben Jakob Titels, des unerschrockenen Pioniers und Kämpfers für unsere Sache.«*
Aber das alles hielt keinen Vergleich mit der folgenden Nummer aus, die um vier Seiten erweitert werden mußte, um die Zahl der Trauerkundgebungen zu bewältigen. Allein die »Landwirtschaftliche Kooperative« nahm eine halbe Seite in Anspruch: *»Der Verlust unseres teuren Genossen Jakob (Jankele) Titel reißt eine unersetzliche Lücke in unsere Reihen. Ehre seinem Andenken!«*
Die Beilage brachte ferner das aufrichtige Mitgefühl der Drillbohrer zum Ausdruck: *»Wir teilen euren Schmerz über den Verlust dieses besten aller Arbeiterfunktionäre«*, und enthielt überdies einen peinlichen Irrtum: *»Den Titels alle guten Wünsche zur Geburt des kleinen Jakob. Familie Billitzer«*.
Auch die anderen Morgenblätter waren mit entsprechenden Anzeigen gesprenkelt, ohne indessen mit dem »Freiheitskämpfer« konkurrieren zu können. Der Chef des hochangesehenen »Neuen Vaterlands«, verärgert darüber, daß sein Blatt den Tod einer so hervorragenden Persönlichkeit nicht als erstes gemeldet hatte, überließ den Nachruf seinem Sportredakteur. Dieser erfah-

rene Reporter durchstöberte ebenso gründlich wie erfolglos das Archiv, stellte alle möglichen Recherchen an, die ihm nur dunkle Erinnerungen an den verewigten Jakob Titel eröffneten, und behalf sich schließlich mit einem »Allround«-Nachruf, der erfahrungsgemäß immer paßt:

»Jakob (Jankele) Titel, der zur Generation der ›alten Siedler‹ unseres Landes gehörte, wurde während eines Besuchs in den Vereinigten Staaten plötzlich vom Tod ereilt und auf dem örtlichen Friedhof zur letzten Ruhe gebettet.

Titel, ein Kämpfer der ersten Stunde, hatte sich praktisch in sämtlichen Sparten der Arbeiterbewegung betätigt. Schon auf der Jüdischen Hochschule in Minsk (Rußland), die er mit vorzüglichem Erfolg absolvierte, galt er als einer der führenden Köpfe der Studentenschaft und rief eine geheime zionistische Jugendgruppe ins Leben.

Ungefähr um die Jahrhundertwende kam ›Jankele‹ mit seiner Familie ins Land, ging als Kibbuznik nach Galiläa und wurde einer der Gründer der damaligen Siedler-Selbstwehren. Später bekleidete er verschiedene Funktionen im Staatsdienst, sowohl daheim wie im Ausland. Nach einer erfolgreichen öffentlichen Laufbahn zog er sich ins Privatleben zurück und widmete sich den Problemen der Arbeiterorganisation. Er gehörte bis zu seinem Ableben der Verwaltungsbehörde seines Wohnortes an.«

Bekanntlich ehrt das Vaterland seine bedeutenden Männer immer erst, wenn sie tot sind. So auch hier. Auf einer Gedenk-Kundgebung zu Ehren Jakob Titels nannte ihn der Unterrichtsminister »einen tatkräftigen Träumer, einen Bahnbrecher unseres Weges, einen Mann aus dem Volke und für das Volk«. Als der Männerchor zum Abschluß der Feier Tschernikowskys

»Zionsliebe« anstimmte, wurde unterdrücktes Schluchzen hörbar.

Das bald darauf fertiggestellte Gebäude der Gewerkschaftszentrale erhielt den Namen »Jakob-Titel-Haus«; da sich trotz längerer Nachforschungen kein lebender Angehöriger Titels gefunden hatte, übernahm der Bürgermeister anstelle der Witwe den symbolischen Schlüssel. Unter dem Portrait des Verstorbenen in der großen Eingangshalle häuften sich die von den führenden Körperschaften des Landes niedergelegten Kränze. Das Bildnis selbst war ein Werk des berühmten Malers Bar Honig. Als Vorlage hatte ihm ein 35 Jahre altes Gruppenfoto aus den Archiven des Gewerkschaftsbundes gedient, auf dem Jakob Titel, halb verdeckt in der letzten Reihe stehend, von einigen Veteranen der Bewegung identifiziert worden war. Besonders eindrucksvoll fanden zumal die älteren Betrachter das von Bar Honig täuschend ähnlich getroffene Lächeln »unseres Jankele«.

Mit der Herausgabe der Gesammelten Schriften Jakob Titels wurde ein führender Verlag betraut, dessen Lektoren das Material in mühsamer Kleinarbeit aus alten, vergilbten Zeitungsbänden herausklaubten. – Die betreffenden Beiträge waren anonym erschienen, aber der persönliche Stil des Verfassers sprach unverwechselbar aus jeder Zeile.

Dann allerdings geschah etwas Unvorhergesehenes:

Als dic Straße, in der sich die Redaktion des »Freiheitskämpfers« befand, auf allgemeinen Wunsch in »Jakob-Titel-Boulevard« umbenannt wurde, brach Chefredakteur Grienbutter zusammen und klärte in einem Leitartikel die Entstehung der Titel-Legende auf.

Ein Sturm des Protestes erhob sich gegen diesen unverschämten historischen Fälschungsversuch. Auf der Eröffnungsfeier des »Jakob-Titel-Gymnasiums« er-

klärte der Regierungssprecher unter anderem: »Jakob Titel ist schon zu Lebzeiten diffamiert worden, und gewisse Taschenspieler der öffentlichen Meinung diffamieren ihn auch nach seinem Tod. Wir aber, wie alle ehrlichen Menschen, stehen zu Jakob Titel!«
Herr Grienbutter, der unter den geladenen Gästen saß, ließ sich durch diese persönliche Attacke zu einem Zwischenruf hinreißen; es sei lächerlich, rief er, das Geschöpf eines Druckfehlers zu feiern. Daraufhin wurde er von zwei Ordnern mit Gewalt aus dem Saal entfernt und in stationäre Pflege gebracht, wo er jedoch alsbald in Trübsinn verfiel, weil auch das Krankenhaus nach Jakob Titel benannt war. Nachdem er eines Nachts einen Tobsuchtsanfall erlitten hatte, mußte man ihn in eine Nervenheilanstalt einliefern.
Unter der Fürsorge der Psychiater trat allmählich eine Besserung seines Zustands ein. Er begann, sich mit den Tatsachen abzufinden und wurde nach einiger Zeit als geheilt entlassen.
Die dankbare Gesellschaft hatte jedoch Grienbutters historische Mission nicht vergessen. In Würdigung seiner großen journalistischen Verdienste erhielt er im folgenden Jahr den »Jakob-Titel-Preis für Publizistik«.

In den letzten Jahren wurden wir Zeugen der tragikomischen Entwicklung, die das Heer der Buchstaben aus Not und Neid in die saftigen Weiden des Fernsehens treibt. Die Schwarzweißen wollen plakativer werden. Und mit welchem Ergebnis? Wir werden uns daran gewöhnen müssen, daß die Texte langsam verschwinden, daß nur mehr die Schlagzeilen übrigbleiben und Bilder, Bilder, Bilder...

Doch diese Prophezeiung hat sich längst erfüllt. So schnell, wie sich die Bilder vermehren, leeren sich aber die Bücherregale. Auf die Taschenrechnergeneration, die nicht mehr zählen kann, wird die Fernsehjugend folgen, die nicht mehr liest.

So ist es nur natürlich, daß jeder normale Mensch abgebildet sein will.

BLITZKRIEG GEFÜHRT UND VERLOREN

Pünktlich um 5.45 Uhr nachmittags, der vom Protokollchef festgesetzten Zeit, versammelten wir uns in der großen Empfangshalle. Nur etwa fünfzehn prominente Vertreter des Kunst- und Kulturlebens waren eingeladen. Dunkler Anzug erbeten. Tee unter der Patronanz des Ministers selbst. Überflüssig zu sagen, daß die ganze Elite gekommen war: führende Maler und Bildhauer, weltbekannte Opernsänger und Schauspieler, einige arrivierte Schriftsteller, der größte Dichter des Jahrhunderts und zwei Ästheten von internationalem Ruf.

Um 5.50 Uhr verließ der Erste Sekretär den Raum, um den Minister zu holen. Der Zweite Sekretär, ein hochgewachsener Mann mit imponierend angegrauten Schläfen, edlem Profil und hervorragend geschnittenem Cutaway, ging unterdessen von einem Gast zum

andern, um jeden einzelnen mit gedämpfter Stimme darauf aufmerksam zu machen, daß der Minister nun bald erscheinen würde, und ob wir nicht vielleicht etwas leiser reden möchten.
»Schon gut, schon gut, Jankel«, brummte der größte Dichter des Jahrhunderts, mit dem ich mich gerade unterhielt; dann wandte er sich wieder an mich: »Jankel ist ein netter Kerl. Ich erinnere mich noch an die Zeit, als er Hausierer mit Staubsaugern war und allen Menschen fürchterlich auf die Nerven ging. Ich selbst habe ihn zweimal aus meiner Wohnung geworfen. Übrigens kenne ich auch den Minister sehr gut. Er war früher Postbeamter. Hat Briefmarken verkauft. Erst nach seiner Heirat mit Bienenfelds jüngerer Tochter begann seine Karriere in der Politik.«
»Trotzdem«, warf ich ein. »Er muß doch auch begabt sein.«
»Begabt? Aber wo!« widersprach der Autor mit tiefer Überzeugung. »Er war ein ganz gewöhnlicher Beamter und nicht einmal sehr gescheit. Immer irrte er sich beim Abzählen der Marken. Bienenfeld hat ihn protegiert, das ist alles. Erst unlängst habe ich wieder eine sehr komische Geschichte über ihn gehört. Auf irgendeinem Empfang fragt dieser Halbidiot den französischen Botschafter ... hahaha ... stellen Sie sich vor ... fragt also den französischen Botschafter ... hahaha ... wie viele Briefmarken man in Frankreich auf einen diplomatischen Postsack klebt ... hahaha ... oh!«
Der größte Dichter des Jahrhunderts hörte jäh zu lachen auf, erbleichte, und machte eine tiefe Verbeugung. Soeben hatte der Minister den Saal betreten.
»Seine Exzellenz, der Herr Minister!« verkündete der Erste Sekretär. Die anwesenden Künstler verneigten sich, die Damen knixten. Man konnte die innere Bewegung, von der alle erfaßt waren, beinahe mit Händen

greifen. Ich selbst spürte eine sonderbare Lähmung von meinen Fußsohlen aufwärts kriechen, über das Rückgrat und bis in meinen Kopf hinauf: Zum erstenmal im Leben stand ich einem echten, wirklichen, amtierenden Minister gegenüber.
Ein liebenswürdiges Lächeln lag auf dem Antlitz des Ministers, als er zur Begrüßung die Reihe seiner Gäste entlangschritt. Für jeden von uns hatte er ein paar freundliche Worte. Als er bei mir anhielt, fühlte ich, wie mich die Kräfte verließen, und mußte mich rasch gegen die Wand lehnen, sonst wäre ich vielleicht zusammengebrochen. Auch der größte Dichter des Jahrhunderts, der neben mir stand, zitterte an allen Gliedern.
»Ich freue mich, Sie kennenzulernen«, sagte der Minister zu mir. »Wenn ich nicht irre, habe ich erst vor wenigen Wochen ein sehr schönes Gedicht von Ihnen gelesen.«
Noch nie im Leben war ich von einer solchen Welle der Seligkeit durchflutet worden wie in diesem Augenblick. Ich hatte gar nicht gewußt, daß es Wellen von solcher Seligkeit überhaupt gibt. Der Minister hat etwas von mir gelesen! Von mir! Der Minister! Gelesen! Etwas! Er hat es selbst gesagt! Daß er es gelesen hat! Und jeder konnte es hören! Es gibt noch Wunder auf der Welt: ein Minister hat etwas von mir gelesen! Gewiß, ich habe in meinem Leben kein einziges Gedicht geschrieben, aber was tut das? Er hat sich daran erinnert, und nur das zählt. Noch meine Enkelkinder werden davon sprechen. Erzähl doch, Großpapa, wie war das damals, als der Minister zu dir kam und sagte: Wenn ich nicht irre...
Nicht minder beseligt als ich war der größte Dichter des Jahrhunderts, denn der Minister hatte ihm gesagt, daß er sein neues Buch außerordentlich bemerkenswert fände. Diese Worte murmelte der Dichter nun immer

wieder verzückt vor sich hin. Waren es doch des Ministers eigene Worte. Welch ein hervorragender Mensch, dieser Minister! Welch ein kaum faßliches Ausmaß von Intelligenz! Jetzt begreift man erst, warum Bienenfeld ihm seine Tochter gegeben hat: einem Mann von so scharfer Urteilskraft und so exquisitem Geschmack!

»Einen Augenblick –«

Blitzschnell stürzte der Autor auf den Minister zu, der ein paar Schritte weiter entfernt stand und offenbar eine Zigarette anzünden wollte. Aber der weltbekannte Violinvirtuose, der schon die ganze Zeit sein Feuerzeug sprungbereit in der Hand hielt, kam ihm zuvor. Auch die beiden Ästheten von internationalem Ruf sprangen herzu, brennende Zündhölzer in den Händen, stießen jedoch mitten in der Luft zusammen und stürzten zu Boden. Lächelnd, als wäre nichts geschehen, erhoben sie sich und schielten hoffnungsfroh nach der gefüllten Zigarettendose des Ministers.

Plötzlich erstarb die Konversation. Magnetisch angezogen drängte alles auf den Minister zu, um einen Platz in seiner Nähe zu ergattern. Es schien, als hätten die Anwesenden ihr ganzes Leben lang nur die eine Sehnsucht gehabt, den Saum seines Gewandes zu berühren. Sie traten einander auf die Füße, pufften einander in die Rippen, und der berühmte Bildhauer focht mit der bekannten Opernsängerin hinter dem Rücken Seiner Exzellenz ein stummes Handgemenge aus... Was war geschehen?

Klick!

Ein greller Blitz aus einer Ecke des Raums. Das war's. Deshalb das Gedränge. Ein Pressefotograf hatte einen Schnappschuß für eine beliebte Illustrierte gemacht.

Die Vertreter des israelischen Kunst- und Kulturlebens zerstreuten sich wieder. Nur ein Lyriker blieb einsam auf dem Teppich zurück.

Ich nahm mir vor, den Pressefotografen scharf im Auge zu behalten, damit ich wenigstens den nächsten Schnappschuß, falls ein solcher kommen sollte, nicht versäumte. Da – jetzt! Ein Titan der zeitgenössischen Bühne ist an den Fotografen herangetreten, flüstert ihm etwas ins Ohr und macht sich dann unauffällig an den Minister heran, um ihn in ein Gespräch zu verwickeln ... Jetzt dreht sich der Minister zu ihm um ... das ist das Foto für Seite 3 oben ... der Bühnentitan schiebt seinen Arm unter den des Ministers ... ich renne los ...

Klick!

Wieder der blendende Blitz. Aber im letzten Moment hat sich der füllige Körper eines literarischen Nobelpreisanwärters zwischen die Kamera und mich geschoben, nein, zwischen die Kamera und die ganze Gruppe. Sekundenlang sah es aus, als wollte sich der Bühnentitan auf den Nobelpreisträger werfen und ihn erdrosseln. Aber er gab sich mit einem Tritt ans Nobelschienbein zufrieden.

Zum Schluß war jeder Besucher mindestens einmal mit dem Minister zusammen geknipst worden – jeder, nur ich nicht. Irgendwie kam ich immer zu spät. Wenn ich noch so plötzlich losrannte – die guten Plätze um den Minister waren bei meiner Ankunft immer schon besetzt. Es würde kein Bild von mir und dem Minister in den Zeitungen geben ...

Scheiße.

Aber was sehe ich da? Der Minister winkt? Wem? Mir? Das muß ein Irrtum sein. Ich drehe mich um, ob vielleicht jemand anderer dasteht, dem er gewinkt haben könnte – aber nein, er meint wirklich mich! O Gott! Welch ein erhabener Augenblick! Ich habe den Zenith meiner Laufbahn erreicht. Die ganze Stadt, das ganze Land wird von mir sprechen. Der Minister

hat ausdrücklich gewünscht, mit mir zusammen fotografiert zu werden!
Ich eile an die Seite Seiner Exzellenz und werfe dabei einen flehenden Blick auf den Fotografen, damit er nur ja nicht vergißt, die historische Aufnahme zu machen. Er soll knipsen! Er soll unbedingt sofort knipsen!
»Sind Sie aus der Tschechoslowakei?« fragt mich der Minister. Verzweiflung erfaßt mein Herz: Nein, ich bin nicht aus der Tschechoslowakei. Warum, o warum bin ich nicht aus der Tschechoslowakei! Aber so schnell gebe ich nicht auf. Jetzt heißt es Zeit gewinnen. Das ist die Hauptsache. Zeit gewinnen, bis der Fotograf knipst. Worauf wartet er noch, zum Teufel? Er soll schon knipsen!
»Ja ... sehen Sie, Exzellenz ...« Ich dehne die Worte, ich dehne sie so lang ich kann, damit der Fotograf genug Zeit hat, seine Kamera zu laden. Wer ist dieser Strauchdieb überhaupt? Ich werde bei seiner Redaktion nachfragen ... »Was wünschen Exzellenz über die Tschechoslowakei zu wissen?«
»Wir sprachen gerade darüber, ob es in Prag vor dem Krieg ein Zsrvzmgyvynkvcyupq nix comfwpyviz gegeben hat.«
»In Prag?« Noch immer versuche ich Zeit zu gewinnen. Jetzt hebt der Lump endlich die Kamera. Schneller, schneller! Siehst du denn nicht, daß die anderen schon herbeistürzen? In ein paar Sekunden bin ich vollkommen zugedeckt!
Knips schon endlich!
»Ja, in Prag«, nickt Seine Exzellenz.
»Hm ... nun ... soweit ich mich erinnern kann ... (Knipsen, zum Teufel, du sollst knipsen, zum Teufel!) ... ich meine ... eigentlich schon ... das heißt ...«
Klick!
Endlich ... Aber – aber wo war das Licht? Wo war der

blendende Blitz? Um Himmelswillen: der Blitz hat nicht funktioniert. Ausgerechnet jetzt! Man müßte alle Blitzfabrikanten aufhängen. Und diesen Gauner von Fotografen dazu...
Der Minister, nach allen Seiten freundlich grüßend, verläßt den Saal, der Erste Sekretär gibt bekannt, daß der Empfang beendet ist.
Ich bin ruiniert.

Das schönste am Fernsehen ist sein unerschöpflicher Abwechslungsreichtum.
König Salomon hatte zwar tausend zur Sünde verlockende Frauen, aber das Fernsehen beschäftigt zweimal so viel Kriminalpolizisten. Jeder Fernsehzuschauer, der auch nur halbwegs auf dem aktuellen Stand ist, hat die Qual der Wahl zwischen Tatort und Derrick, Der Alte und Schimansky, Liebling Kreuzberg und Der Chef, Eurocops und Magnum, Kojak und Miami Vice, Detektiv Rockford und Mannix, um nur wenige zu nennen.
Ich aber konzentriere mich ausschließlich auf Columbo. Wegen seines zerschlissenen Regenmantels. Nichts schlägt mich so sehr in Bann wie ein Film mit diesem auf geniale Weise schielenden Detektiv. Es sei denn, daß plötzlich die Witwe zuschlägt.

Von der unheilbaren Feindschaft zwischen Telefon und Fernsehen

Die Situation ist die folgende:
Der gutaussehende Architekt hat zur Dämmerstunde den alten Mac O'Muck umgelegt, weil dieser sich skeptisch über den im Bau befindlichen Wolkenkratzer geäußert hatte, und Columbo ist bereits auf einer heißen Spur, denn ein Blick ins Drehbuch hat ihn überzeugt, daß der Schurke nichts so sehr liebt wie klassische Musik. Klar? Eben.
Mein Fernsehschirm bebt vor innerer Spannung, ich selbst ertappe mich beim Nägelbeißen, und der Hauptverdacht richtet sich gegen die blonde Witwe des Leichnams. Aber das kann man mir nicht erzählen, ich habe den Mord gesehen, den Mörder allerdings nicht, und wenn Columbo sich den Anschein gibt, als ob –
Rrrrr!
Irgendwo schrillt das Telefon, noch dazu außerhalb meiner Reichweite. Wer zum Teufel hat die Frechheit, mitten in einen Anschein Columbos hineinzuklingeln?
Ich erhebe mich, stolpere im Dunkeln über zwei Stühle und nehme den Hörer ans Ohr, während meine Augen auf den Fernsehschirm geheftet bleiben:
»Ja«, sage ich.
»Hallo«, sagt am andern Ende die zaghafte Stimme einer unzweifelhaft alten Dame. »Ich störe Sie doch nicht?«
»Ja«, sage ich.
»Ich bin die Mutter von Gad.«
»Ja.«
»Gad Winternitz aus Naharia.«
Der gutaussehende Architekt macht sich über Columbo

lustig. Kunststück. Sein Direktor hat ihm ja ein wasserdichtes Alibi verschafft. Jetzt probiert er's sogar mit der Blonden. Und dabei wird die halbe Stadt von der Frage bewegt, wo er die Leiche versteckt hat.

»Ja!« brülle ich ins Telefon. »Wo?«

»Bitte, ich muß Sie um eine große Gefälligkeit bitten. Mein verstorbener Mann pflegte zu sagen – wir haben damals noch in Bat Jam gewohnt – und da sagte er immer: wenn ich einmal einen Rat brauche, den Rat eines künstlerisch veranlagten Menschen, dann soll ich mich an Sie wenden, weil Sie doch diese Zeichnungen machen und Gads Freund sind, nicht wahr.«

Wer ist Gad? Wo ist die Leiche?

»Die Leute sagen«, fuhr Frau Winternitz fort, »daß Sie immer so viel zu tun haben und daß Sie nichts für andere Menschen tun. Aber ich habe ihnen immer widersprochen. Nein, sage ich immer, das stimmt nicht, wenn er kann, dann hilft er, auch wenn er noch so viel zu tun hat mit seinen Zeichnungen. Das habe ich immer gesagt. Hallo.«

»Hallo«, sage ich. »Wer spricht?«

»Die Mutter von Gad Winternitz. Hallo. Ich wollte Sie wirklich nicht stören, aber mein Schwager meint, daß wir jetzt doch ein wenig Druck ausüben sollten, sonst wissen Sie ja, was passiert. Sie kennen die Zustände in unserem Land, besonders die Regierung. Wenn mein Mann noch am Leben wäre, würde ich natürlich nie. Im Gegenteil. Nur, Sie verstehen, ganz allein mit der Hypothek, da spricht man natürlich zu einer Wand. Also raten Sie mir, ob ich jetzt. Oder lieber noch warten?«

Ich könnte nicht schwören, daß sie sich wörtlich so ausgedrückt hat, aber so habe ich es gehört. Wie soll man denn wörtlich zuhören, wenn gerade das Haus des gutaussehenden Architekten durchsucht wird, der den alten Mac O'Muck umgelegt hat.

»Ja«, stöhne ich in die Muschel. »Hallo. Was wünschen Sie?«
»Ich möchte wissen, ob ich trotzdem unterschreiben soll.«
»Das hängt noch von jemand anderem ab.«
»Von wem, bitte?«
»Von dieser Blonden.«
»Hallo, hier Frau Winternitz. Die Mutter von Gad. Hallo.«
Dem Mörder ist klargeworden, daß der Film zu Ende geht, aber er bleibt hart. Solange die Leiche nicht gefunden ist, kann ihm Columbo nichts beweisen. Ich für meine Person habe den Verdacht, daß der Architekt den alten Mac O'Muck in die Mauer des Wolkenkratzers einzementiert hat.
»Hallo«, meldet sich Frau Winternitz aufs neue. »Was für ein Zement, bitte? Hallo!«
»Mit wem wollen Sie eigentlich sprechen?«
»Mit dem Herrn Zeichner von der Zeitung. Sind das nicht Sie?«
»Jawohl, ich bin Sie.«
»Dann sagen Sie mir, ob Sie glauben, daß ich jetzt unterschreiben soll!«
»Was glaubt Columbo?«
»Wer, bitte?«
»Ich meine: wer vertritt Sie in dieser Angelegenheit?«
»Doktor Gelbstein.«
Da haben wir's. Jetzt geht's drunter und drüber. Oder soll sich Columbo vielleicht bei Dr. Gelbstein erkundigen? Der Fehler muß gleich am Anfang passiert sein. Gleich als Frau Winternitz mich fragte, ob ich bereit bin, einem Mitmenschen zu helfen, hätte ich antworten müssen: niemals, unter keinen Umständen. Jetzt stehe ich da mit meinem weichen jüdischen Herzen. Und dort steht Columbo, der soeben Auftrag gegeben hat, die

Mauer einzureißen und den Leichnam auszugraben. Natürlich lacht ihm Gelbstein ins Gesicht. Nein, nicht Gelbstein. Der Architekt.

»Wollen Sie mich nicht nach den Feiertagen anrufen? Dann bin ich gerne bereit –«

»Bitte nicht! Bitte jetzt gleich! Ich sagte Ihnen doch, daß er morgen verreist!«

»Wer?«

»Doktor Gelbstein.«

Vor meinen Augen entfaltet sich ein unerhörtes Drama, ein Mordfall allerersterster Klasse – und ich soll mich mit den Reiseplänen eines Herrn Gelbstein beschäftigen. Was geht er mich an? Ich hasse ihn. Er ist ein Verbrecher. Columbo wird es ihm schon beweisen. Wozu würde er sonst im Wagen des Architekten dahinsausen? Ich lege die quakende Telefonmuschel hin, das ist ja nicht auszuhalten. Meinetwegen kann Frau Winternitz mit dem Architekten verreisen, wohin sie will. Kein Zweifel, die Leiche liegt im Kofferraum. Ich wette jeden Betrag, daß Columbo –

»Hallo! Hallo! Hallo!« quakt es aus der Muschel.

»Ja? Wer spricht?«

»Frau Winternitz. Die Mutter von Gad. Hoffentlich störe ich Sie nicht. Mein seliger Mann ...«

In Indien werden die Witwen seliger Männer verbrannt. Oder wurden. Das waren Zeiten. Vorbei, vorbei. Genau wie Columbo im sausenden Auto. Und Gelbstein dicht hinter ihm, als Architekt verkleidet. Geht er ihm in die Falle?

Sie haben ihn! Vorne Columbo mit quergestelltem Kofferraum in der Leiche, von beiden Seiten die Polizei, und der Architekt mittendrin. Du hast dir das alles sehr schön ausgedacht, mein Junge, aber du hast nicht mit Gads Glasauge gerechnet. Das ist es ja, was ihn so menschlich macht.

»Dann glauben Sie also«, fragt Frau Winternitz, »daß Doktor Gelbstein verreisen kann?«
»Unbedingt.«
»Danke. Danke vielmals. Sie haben mir sehr geholfen. Verzeihen Sie die Störung.«
»Hauptsache, wir haben ihn.«
»Wen, bitte?«
»Den Architekten.«
»Ach so. Natürlich. Grüße von Gad.«
»Nicht der Rede wert.«
»Gute Nacht, Herr Kirschhorn.«
»Gute Nacht, Frau Columbo.«

Ich weiß, ich weiß, das Fernsehen hat nicht nur Schattenseiten. Im Alltag zum Beispiel ist es bereits unentbehrlich geworden: Wettervorhersagen, Sportübertragungen, Feinschmeckerkurse, Banküberfälle, ja, unterm Strich ist das Ergebnis positiv.

Fernsehproduktion mit Profitgarantie

Kurz nach Mitternacht waren die Vorbereitungen beendet. Jossele und ich hatten unsere Verbindungen zur Unterwelt spielen lassen und vier erfahrene Profis engagiert: die Polakoff-Zwillinge, zwei in Amerika geschulte Bankräuber, »Twiggy« Tonello, den sichersten Revolverschützen des Landes, und Gabi Goldblum, genannt »der Knacker«. Sie warteten vor dem Eingang zur Nationalbank in der Hauptstraße, mit schwarzen Strumpfmasken über ihren Gesichtern und griffbereiten Handwerksgeräten. Die schwere, stählerne Eingangstür wurde von zwei Scheinwerfern scharf angeleuchtet, und während »Twiggy«, der Dynamitfachmann, die Sprengladung zu installieren begann, versuchte ich die Menge der Neugierigen, die sich angesammelt hatte, zurückzudrängen:

»Bitte, machen Sie Platz! Wir sind ja nicht zum Vergnügen hier! Wir sind vom Fernsehen. Wir brauchen Platz zum Arbeiten! Bitte zurücktreten!«

Niemand rührte sich. Hingegen erkundigten sich fast alle, was hier eigentlich vorginge. Ich bemühte mich, die Neugier zu befriedigen:

»Raubüberfall auf die Nationalbank«, sagte ich. »Das perfekte Verbrechen.«

»Ist das eine neue Serie?«

»Ja – ›Ich heiße Smartie‹. Bitte zurücktreten.«

Auf einem Klappstuhl gegenüber dem ins Scheinwerferlicht getauchten Eingangstor saß Jossele, komplett ausgerüstet mit Augenschirm, dicker Zigarre und Megaphon, zur Seite die eindrucksvoll montierte Kamera, die keinerlei Film im Innern barg. Jetzt erteilte er seine letzten Anweisungen:

»Aufgepaßt, Boys! Sowie das Tor in die Luft fliegt, stürzt ihr hinein. Ich kann die Szene kein zweites Mal drehen, verstanden? Sie muß sofort in die Produktion. Gibt's hier irgendwo Polizei?«

»Jawohl, Sir!« Ein smarter Vertreter der Ordnungsmacht eilte herbei und salutierte. »Was kann ich tun, Sir?«

»Bitte sorgen Sie dafür, daß die Aufnahme nicht gestört wird, guter Mann«, sagte Jossele leutselig. Dann brüllte er durchs Megaphon: »Okay! Wir fahren!«
Das Auge des Gesetzes hielt die Menge in Schach und beauftragte durch sein Sprechgerät zwei Kollegen, an den beiden nächsten Straßenecken jeden Verkehr zu stoppen.
Ich sprang vor die Kamera und ließ die Holzklappe mit der Aufschrift Bankraub – Außen, Nacht IV/1 zufallen.
Als es »klick« machte, setzte unser Dynamitexperte die Zündschnur in Brand.
Die Kamera, von einem Cousin der Brüder Polakoff bedient, folgte surrend dem Flämmchen, das sich die Zündschnur entlangfraß.
In atemloser Anspannung starrte die Menge.
Die stählerne Tür der Nationalbank flog mit einem ohrenbetäubenden Knall aus den Angeln und krachte zu Boden.
Durch die Rauchwolke kam eine Männergestalt hervorgetorkelt: »Hilfe! Räuber! Überfall! Polizei! Hilfe!« brüllte der Nachtwächter.
»Gut! Sehr gut!« brüllte Jossele aufmunternd zurück. »Mach weiter, Junge! Noch etwas lauter! Mehr Panik! Smartie, bitte!«
Der letzte Zuruf galt dem einen Polakoff-Zwilling, der auf den Nachtwächter zugesprungen war und ihm die Beißzange über den Schädel schlug. Der Mann drehte sich um seine eigene Achse und brach lautlos zusammen. Smartie ist Smartie.
»Stopp!« rief Jossele. »Gute Arbeit, Boys! Bitte, die nächste Einstellung vorbereiten!« Er war offensichtlich zufrieden.
Auch die Zuschauer waren es. Die meisten von ihnen hatten noch nie eine Fernsehproduktion gesehen und

zeigten sich von der Lebendigkeit der Aktion sehr beeindruckt. Natürlich gab es auch kritische Stimmen:
»Der Kerl, der den Nachtwächter gespielt hat, war nicht sehr überzeugend«, hieß es zum Beispiel; oder: »Ich habe von seinem Text kein Wort verstanden.«
Ein Kenner mischte sich ein:
»Sie scheinen nicht zu wissen, daß im Fernsehen der Text erst nachher dazukommt. Man nennt das ›Synchronisieren‹.«
»Alles zurücktreten!« Das war jetzt wieder Jossele. »Ich bitte um Ruhe! Wir können hier nicht die ganze Nacht verbringen!«
In den Fenstern der umliegenden Häuser erschienen die Gesichter schlaftrunkener Bürger:
»Schon wieder das verdammte Fernsehen!« schimpften sie. »Warum wird das Zeug nicht im Studio gedreht?«
Fachmännische Belehrungen klangen ihnen entgegen:
»Reden Sie nicht, wenn Sie nichts verstehen... Haben Sie eine Ahnung, was es kosten würde, die Nationalbank im Studio nachzubauen... Wir sind nicht in Hollywood...«
Ein freiwilliger Ratgeber empfahl uns, die Szene mit dem Nachtwächter wegzulassen, wir bekämen sonst vielleicht Schwierigkeiten mit der Zensur.
Ob wir für das Drehbuch eine offizielle Genehmigung eingeholt hätten, wollte ein anderer wissen.
Darüber entscheidet die Programmdirektion, antwortete ich und überhörte die Frage eines dritten, welche Schauspieler sich denn hinter den schwarzen Masken verbargen.
Der Polizist wandte sich an Jossele:
»Ist das ein teurer Film?«
»Nein. Eine Eigenproduktion.«
»Und wer finanziert das?«
»Subvention«, sagte Jossele und entzog sich dem poli-

zeilichen Wissensdurst, indem er lautstark neue Direktiven erteilte: »Ich bitte mir größte Ruhe aus! Wir müssen den Alarm aufs Tonband bekommen! Alles fertig? Okay! Wir fahren!«
Die Kamera fuhr auf den Eingang zu, und die Brüder Polakoff krochen durch das gähnende Loch. Kurz darauf erklang das schrille Signal der Alarmanlage.
»Schnitt!« brüllte Jossele.
Tatsächlich verstummte das Alarmsignal nach wenigen Sekunden. Die Zwillinge hatten Josseles Anweisung befolgt und die Drähte durchgeschnitten.
»Genau wie im amerikanischen Fernsehen«, bemerkte ein Zuschauer sarkastisch; ich wies ihn zurecht:
»Fernsehen hat seine eigenen Gesetze, Herr. Wir müssen uns nach dem Zeitplan richten.«
Es wurde immer schwerer, die Leute zurückzuhalten. Sie betasteten unsere technische Ausrüstung, stellten dumme Fragen und drängten sich vor die Kamera. Wir atmeten auf, als ein schmucker Wagen des Überfallkommandos eintraf. Etwa zwanzig Prachtgestalten sprangen heraus und führten im Handumdrehen – unter dem ein paar Widerspenstige sehr zu leiden hatten – die entsprechenden Absperrungsmaßnahmen durch.
»Bitte, bitte!« klang es flehentlich hinter der Kette der Uniformierten hervor. »Wir möchten gerne ins Bild kommen, bitte!«
Jossele wählte fünf stämmige Gesellen aus, die der Kamera ins Innere des Bankgebäudes folgen durften.
»Inside shot«, bemerkte der Experte unter ihnen. »Wenn statt draußen drinnen gedreht wird, so heißt das inside shot.«
Nicht ohne Mühe schoben die fünf den schweren Stahlsafe von der Wand fort. Dafür durften sie dann sekundenlang in die Kamera grinsen.
Die Polakoff-Zwillinge fluchten erbärmlich, während

sie die nötigen Löcher in den Safe drillten. Sie hatten noch nie bei Scheinwerferlicht gearbeitet.

Gegen vier Uhr früh ordnete Jossele die letzte Aufnahme an. Meine Holzklappe trug die Aufschrift AB MIT DEM GELD – INNEN, IX/18.

Wir packten die 800000 Pfund hübsch gebündelt in ein Köfferchen, verstauten die Filmausrüstung in unseren Lieferwagen und verließen unter lauten Beifallskundgebungen der Menge den Schauplatz.

»Wann wird Smartie gesendet?« rief uns der Polizeisergeant nach.

»Jeden zweiten Freitag!« rief Jossele zurück.

Es war eine anstrengende, insgesamt aber sehr erfolgreiche Arbeit.

Wer sagt da noch, daß das Fernsehen keine neuen Ideen hat?

Zur Einschränkung neuer ausgeklügelter Hetzkampagnen gegen das Fernsehen möchte ich immerhin einräumen, daß es im Nahen Osten einen äußerst positiven Faktor, nahezu einen Friedensengel, darstellt. Wenn man mich fragt, die Feindseligkeiten in dieser Region werden weder durch eine internationale Konferenz noch durch die Intervention des UN-Generalsekretärs, sondern durch die schwarzgelockte Sprecherin des jordanischen Fernsehens beigelegt werden.

Die Friedenstaube auf der Antenne

Es war vor vielen Jahren und begann, wie die meisten historischen Wenden, an einem Abend bei den Stocklers.

Als wir sie besuchten, hatten sie gerade den Kanal Kairo eingestellt, der einen von Katzenmusik nicht weit entfernten Chorgesang für eine entzückende Bauchtänzerin in den Äther schickte. Die beste Ehefrau von allen setzte sich mit Amir auf den Knien vor den Bildschirm, und es gelang ihr, unserem gebannt zusehenden Liebling, einem der bewährtesten Veranstalter von Hungerstreiks, zwei Butterbrote in den offenen Mund zu stopfen.

»Na, Amirlein?« fragte sie nachher. »Möchtest du, daß Pappi dir auch eine Dachantenne für den Sender Kairo kauft?«

»Nein«, antwortete Amir. »Ich will ein Dreirad.«

Es ist kaum zu glauben. Dieser verzogene Bengel macht mir Vorschriften, was ich kaufen oder nicht kaufen soll. Dreiräder sind bekanntlich zur Förderung der Nahrungsaufnahme völlig ungeeignet. Der Bub würde stundenlang im Garten oder gar auf der Straße herumradeln, und wir könnten ihn nur mit größter Mühe wieder ins Haus locken.

Wir kauften dem Kind eine Dachantenne. Ich machte dem Verkäufer klar, daß ich ausschließlich das ägyptische Fernsehprogramm zu empfangen wünschte; an den anderen arabischen Stationen wäre ich nicht interessiert.

»Ausgezeichnet, mein Herr«, dienerte der Verkäufer. »Wie recht Sie doch haben. Dann brauchen Sie nur eine einarmige Dachantenne.«

Ich entschied mich für eine fünfarmige. Wer weiß,

vielleicht versöhnen wir uns eines Tages mit Bagdad, und dann möchte ich für unseren kleinen Liebling das Erziehungsprogramm empfangen können.
Um die fünfarmige Dachantenne zu erproben, schalteten wir aufs geradewohl einen arabischen Sender ein. Auf dem Bildschirm erschien ein dunkelhaariges, leicht schielendes Mädchen mit reizenden Grübchen, das mit schriller Stimme in seiner Muttersprache daraufloszeterte. In solchen Fällen macht es sich nachteilig bemerkbar, daß ich europäischer Herkunft und mit der führenden Sprache des Vorderen Orients nicht vertraut bin. Meine einheimische Gattin hingegen lauschte der Sendung fasziniert bis zum Ende. Dann sagte sie: »Ich habe kein Wort verstanden. Es war leider Schriftarabisch.«
Als nächstes bekamen wir einen gutaussehenden Herrn vorgesetzt, der zur Begleitung eines vielköpfigen Orchesters und unter leichtem Schielen unausgesetzt schluchzte, immer auf dem gleichen Ton, nur mit gelegentlichem Wechsel der Lautstärke. Ich kam mir allmählich ein wenig idiotisch vor. Was trieb mich denn, mich, einen von abendländischer Kultur geprägten Intellektuellen, meine kostbare Zeit an kreischende Orientalen zu verschwenden? Ich verließ den Apparat und den Raum, zog mich in mein Arbeitszimmer zurück und kam erst zur Nachrichtensendung wieder. Jetzt zeigte sich, daß wir die Sendung aus Amman, der Hauptstadt des haschemitischen Königreichs, erwischt hatten. Wir erkannten das daran, daß der Sprecher mehrmals mit devotem Aufschlag seiner schielenden Augen den Namen König Husseins erwähnte. Dann schien er sich an uns zu wenden, denn er gebrauchte häufig das Wort »Yezrailin«, und bei jedem Gebrauch sprühten Flammen aus seinen Augen. Dabei sah er mir direkt ins Gesicht oder viel-

leicht jemandem hinter mir, es war schwer zu entscheiden.
»Was sagt er denn?« fragte ich meine Frau.
»Keine Ahnung«, erklärte sie. »Ich verstehe ihn nicht. Er spricht Schriftarabisch.«
Rätselhaft, warum sie unter solchen Umständen nun schon stundenlang vor dem Bildschirm saß. Wahrscheinlich war der weiche, bequeme Armstuhl daran schuld. Der meinige hatte auf mich die Wirkung, daß ich einschlief.
Ich erwachte mitten in eine Burleske hinein, die ebenso primitiv wie langweilig war. Sie zeigte einen als Frau verkleideten Mann und einen nicht verkleideten im Pyjama, dessen Gattin bald darauf nach Hause kam, worauf der Verkleidete etwas sagte und der im Pyjama auf den Mann, der in Begleitung der Frau gekommen war, heftig einschrie, worauf die beiden, der mit der Frau und der im Pyjama, zusammen abgingen. Dann erschien eine ungemein beleibte Dame und rief dem als Frau verkleideten Mann etwas zu, dann kam der Mann im Pyjama zurück, umkreiste die dicke Dame und verfluchte sie fäusteschüttelnd, dann sagte sie etwas, was den als Frau Verkleideten zu einem Sprung aus dem Fenster veranlaßte, und dann verlor ich den Überblick.
Nach zwei Stunden war die Qual ausgestanden. Der Sender Amman entließ mich zu den Klängen der jordanischen Hymne und zeigte mir noch rasch ein überlebensgroßes Portrait von König Hussein. Da es mittlerweile recht spät geworden war, ging ich zu Bett. Im Traum hörte ich das gutturale Schluchzen des attraktiven Sängers und sah mich selbst in einer ganz kurzen Sequenz, wie ich die Schwarzgelockte mit den Grübchen verfolgte und immer wieder »Abadan, Abadan!« rief, ich weiß nicht warum, denn ich kenne kein solches Wort.

Am nächsten Tag stellte ich versuchsweise denselben Kanal ein, um meinem Söhnchen die Grübchen zu zeigen. Zu meiner Enttäuschung kam eine andere Dame, die nicht annähernd so überzeugend wirkte, zumal auf ein kleines Kind. Auch sie sprach allerlei unverständliches Zeug und wurde von einer jungen, kaum merklich schielenden Sängerin abgelöst, die mit einschmeichelnder Stimme antizionistische Wiegenlieder sang, wobei sie auf einer Art plastischer Landkarte stand und das als Israel kenntliche Gebiet mit Füßen trat. Jedes ihrer Wiegenlieder endete mit dem sogar mir verständlichen Ausruf: »Inschallah, raus mir allen!« der von einem unsichtbaren Männerchor lautstark wiederholt wurde:

»Raus mit allen, raus mit allen!«

Zugegeben, der Text war nicht besonders einfallsreich, aber die Melodie ging ins Ohr. Ich versank in tiefen Schlummer, aus dem ich von meiner Frau geweckt wurde. Sie wollte wissen, warum ich im Schlaf immer wieder »Raus mit uns!« gerufen und nachher die Melodie eines Kinderliedes gesummt hätte.

»Wer summt? Ich summe?« antwortete ich in begreiflichem Ärger. »Daschrini, ya hamra!«

Das ist arabisch und heißt »Halt den Mund!«

Die arabischen Sender beginnen ihr Programm um 9 Uhr. Am nächsten Tag erschien um diese Zeit der jordanische Ministerpräsident – ein eleganter Mann, ungeachtet seines Schielens –, der mit gutturaler Stimme eine Ansprache an die Beduinengewerkschaft hielt. Er sprach ungefähr eine Stunde und zwar gegen den Feind, also gegen mich; jedesmal, wenn er »Falastin biladna, vaal Yachud kiladna!« ausrief (was soviel heißt wie »Palästina gehört uns, die Zionisten sollen uns den Buckel runterrutschen!«), fiel ich begeistert in den Applaus ein. Anschließend nahm ich mit großer Freude die Darbietungen eines Streichorchesters entgegen. Jeder dieser Geiger ist ein Virtuose seines Fachs. Und sie alle – einige von ihnen schielen – sind wunderbar aufeinander abgestimmt. Keiner fällt aus dem Rhythmus, der für ungeübte Hörer ohne Dachantenne vielleicht etwas eintönig klingt, aber für Zwecke der Einschläferung geradezu ideal ist. Mit halb offenem Mund und halb geschlossenen Augen saß ich da und merkte gar nicht, daß meine Frau vor mir stand:

»Ephraim«, flüsterte sie angsterfüllt. »Um Himmels willen, Ephraim! Was machst du da?«

Was machte ich da? Ich hielt ein Perlenhalsband in der Hand und ließ die einzelnen Perlen durch meine Finger gleiten, eine nach der anderen. Wann ich es meiner Frau vom Hals gerissen hatte, wußte ich nicht mehr. Aber es beruhigte die Nerven...

Seit neuestem ertappe ich mich dabei, wie ich etwas Gutturales vor mich hinsumme. Mein Gewicht nimmt zu. Gestern, während der Rede von Präsident Mussadek, verzehrte ich mehrere Portionen Humuss mit Burgul und einen Korb Pistazien. Die Rede gefiel mir. Auch Mussadek gefällt mir. Mir ist, als wäre er mein Bruder. Dennoch sehnte ich mich nach dem Anblick der Dunkelhaarigen mit den Grübchen, schon um sie endlich meinem kleinen Sohn zu zeigen. Leider erschien an ihrer Stelle eine andere schielende Sprecherin, die ein lustiges Lustspiel ankündigte. Ich lachte mich krank und wollte auch meine Frau an dem Vergnügen teilhaben lassen.

»Weib«, rief ich. »Yah Weib! Schlabi ktir!«

»Aiuah!«, lautete ihre Antwort.

In der letzten Zeit schielt sie ein wenig, die Beste. Mich stört es nicht. Wir kommen besser miteinander aus als je zuvor. Vor ein paar Tagen allerdings schrie sie mich zornig an, als ich meine Wasserpfeife auf den neuen

Teppich ausleerte. Macht nichts. Dafür beherrscht sie die schwierigsten arabischen Brettspiele. Gestern abend, als wir uns mangels eines arabischen Programms vom Bildschirm abwandten, wo ein dummer amerikanischer Krimi lief, besiegte sie mich dreimal hintereinander.

Ich gehe nur noch in Pantoffeln und sitze mit Vorliebe auf bunten, weichen Kissen.

Meine europäische Herkunft macht es mir schwer, mich richtig und rasch zu assimilieren. Aber mit Allahs Hilfe

لعيش الايجابية ، وخلق المجتمع المنسجم الذي نسعى اليه

Ich hoffe es.

Seit wir eine Antenne mit fünf Armen haben, kommen wir nicht mehr ins Kino. Das ist bedauerlich, da der Bildschirm sehr viel schmäler ist als jede Filmleinwand, aber die Fauteuils sind dafür schließlich breiter.

Was mir fehlt, sind nicht die neuesten Filme, sondern das Rumoren des Publikums um mich herum, die raschelnden Papiersäckchen als Begleitmusik, die treffenden Zwischenrufe bei Geschlechtsverkehr, natürlich auf der Leinwand, und viele andere akustische Überraschungen.

Als Beispiel für die genannten Entbehrungen erinnere ich mich an meinen Abend mit G. M.

Unerfüllte Sehnsucht nach Gerschon Messinger

Ich hatte einen angenehmen Mittelplatz in dem fast leeren Saal und konnte mich ungestört an den Untertitel delektieren, die den Körper Sophia Lorens bedeckten. Plötzlich entstand vier Reihen hinter mir lebhafte Bewegung, unterstützt von geräuschvollem Klappen der Sitze nebst zahlreichem »Pardon« und »Danke sehr«. Vier Zuspätkommende waren in die Reihe eingedrungen.

Kaum hatten sie es sich bequem gemacht, als einer von ihnen seine tiefe, emotionsgeladene Stimme erklingen ließ:

»Ihr könnt sagen, was ihr wollt – daß Gerschon Messinger so etwas tun würde, hat niemand erwartet.«

»Stimmt«, bestätigte eine Frauenstimme. »Ich bin doch wirklich kein Kind mehr, aber ich hätte nicht geglaubt, daß Gerschon Messinger dazu fähig wäre.«

»Warum er uns das nur angetan hat?« fragte eine dritte Stimme. »Ausgerechnet uns?«

Auch mich begann die Frage zu beschäftigen. Wirklich, aus welchem Grund mochte Gerschon Messinger so etwas getan haben? Ich versuchte, mich krampfhaft auf die Leinwand und auf Sophia Lorens Untertitel zu konzentrieren. Vergebens. Das Gift, das Gerschon Messinger in meine Seele geträufelt hatte, wirkte weiter.

Und da hörte ich auch schon eine vierte Stimme:

»Wenn jemand anderer das gemacht hätte, irgend jemand – schön und gut. Aber ausgerechnet Gerschon Messinger?«

Meine sämtlichen Gehirnpartikel waren auf die Wellenlänge »Messinger« eingestellt. Ich schloß die Augen, um mir Messingers Missetat möglichst genau vor-

stellen zu können. Die gewagtesten Kombinationen schossen mir durch den Kopf. Keine von ihnen erwies sich als haltbar. Ich schämte mich.
Im Mittelpunkt der Situation stand – soviel war klar – als Kernproblem die Frage: Warum mußte es gerade Gerschon Messinger sein, dessen Benehmen so große Bitterkeit hervorrief?
Wenn diese Frage erst einmal beantwortet war, konnte man sich an weitere wagen, nämlich warum Gerschon Messinger sein empörendes Verhalten gerade diesen Menschen gegenüber an den Tag legte, warum er das, was er getan hatte, nicht hätte tun sollen, und warum gerade *er* es nicht hätte tun sollen, er und nicht etwa Stockler oder Felix Seelig oder, was am wahrscheinlichsten war, Eli Binder.
Schon für den geringsten Anhaltspunkt für eine Lösung des Problems wäre ich der Viererbande hinter mir dankbar gewesen. Aber sie wußten ihr Geheimnis bei sich zu behalten. Der Vorfall blieb in dichtem Dunkel.
Auf die Dauer ertrug ich das nicht. Und als einer der Vier sich aufs neue lauthals zu wundern begann, wieso gerade Gerschon Messinger…, konnte ich mich nicht länger zurückhalten, drehte mich um und rief:
»Ich für meine Person kann Messinger sehr gut verstehen!«
Einer aus der Anti-Messinger-Gruppe sprang auf und traf Anstalten, sich über drei Reihen hinweg auf mich zu stürzen, aber da brach es im ganzen Haus los:
»Gerschon Messinger hat recht!« erklang es ringsum. »Er hat hundertprozentig recht! Ihr verdient nichts Besseres von ihm! Hände weg von Gerschon Messinger! Maul halten! Hoch Gerschon Messinger!«
Es war, nehmt alles nur in allem, wieder einmal ein erhebender Beweis dafür, daß unsere Nation – mögen uns sonst auch alle erdenklichen Konflikte und politi-

schen Meinungsverschiedenheiten trennen – in den Augenblicken der Entscheidung eisern zusammensteht.

Werfen wir einen weiteren Blick auf das armselige Opfer des Fernsehens, das einsam und allein ohne jedes Publikum vor sich hinvegetieren muß – auf das Kino. Während einer Fußballweltmeisterschaft lassen sich in den riesigen Kinosälen die Zuschauer an den Fingern einer Hand abzählen, meistens am kleinen. Kein Wunder also, daß die Filmgewaltigen sich um diesen kleinen Finger hinter den Kulissen der Filmstudios einen monströsen Kampf liefern ...
Schon in den grauen Anfangszeiten der Kinematographie galt dieser Erwerbszweig als einer, in dem das Gesetz des Dschungels herrschte. Aber heute, wo wir an der Schwelle zum Zeitalter der weltweiten Videoepidemie stehen, wage ich die Behauptung, daß dieser Dschungel im Vergleich zur Videowirtschaft ruhig, übersichtlich und recht friedlich ist.

Staffettenlauf der Videopiraten

Du stehst in Hollywood auf der Terrasse im 33. Stockwerk deines Hotels und meditierst über den berühmten Sunset Boulevard, der in seiner imposanten Breite und

Länge vor dir läuft und läuft und läuft, um schließlich jenseits der Nr. 11395 im unendlichen Raum zu versikkern.
Die längste Stadt der Welt, Los Angeles, ist immer noch Metropole und Nervenzentrum des Films. Und wenn die Studios schon keinen Profit zeigen, so zeigen sie immerhin die Fußabdrücke von Charlie Chaplin, Greta Garbo und Micky Maus. Du erschauerst, letzten Endes befindest du dich hier im Vatikan der Filmindustrie. Und du hast einen neuen, eben fertiggestellten Film hier zu verkaufen. Kaum daß dir dieser Gedanke in seiner ganzen Tragweite zu Bewußtsein kommt, klopft es für gewöhnlich an die Tür. Meistens steht ein sorgfältig geschniegelter Mann da, der dir einen kleinen Blumenstrauß entgegenhält:
»Gestatten Sie mir, Sie in Hollywood willkommen zu heißen, Mr. Kitchen«, sagt der Mann und überreicht dir eine eindrucksvoll gestaltete Visitenkarte, deren erhabene Goldbuchstaben verkünden: »Präsident, Videomaster Corporation Ltd.«
»Es wurde mir hinterbracht, daß Sie unsere Stadt mit Ihrer Anwesenheit beehren«, flötet der Präsident. »Ich mußte schnell vorbeikommen, um Ihnen zu sagen, wie großartig ich Ihren Film finde. Leider habe ich ihn noch nicht gesehen. Herzlichste Gratulation.«
»Nehmen Sie Platz«, erwiderst du freudig erregt. »Warum stehen Sie denn?«
»Sie kennen vermutlich ›Sintflut & Co‹, die bekannte Installationsfirma in Tel Aviv.« Der Gast setzt sich. »Sie gehört meinem Cousin. Daher, mein lieber Ephraim, hielt ich es für meine Pflicht und Schuldigkeit, herzukommen, um dich zu warnen: Hüte dich vor den Gaunern dieser Stadt. Hier pflegt man unangemeldet in dein Hotelzimmer einzudringen, um dich zu belästigen. Hier wird man dir die niederträchtigsten Lügenge-

schichten über irgendwelche Verwandte in Israel erzählen. Aber in Wirklichkeit will jeder nur dein Exklusivagent für den Videomarkt werden, um eventuelle Provisionen zu kassieren. Und weil wir gerade dabei sind, was für einen Film hast du zu verkaufen?«

Nach kurzer, aber ausführlicher Verhandlung schlossen wir folgendes Abkommen: Der Präsident erklärte sich bereit, für eine eventuelle Provision mein Exklusivagent zu werden.

Ich war von dieser Idee begeistert, denn es hätte mir widerstrebt, meinen Film einem wildfremden Menschen auszuhändigen. Wir beschlossen, beim Frühstück unseren Pakt zu besiegeln. Aber kaum hatte mein Wohltäter den Raum verlassen, klopfte es an der Tür, und diesmal stand ich einem Gentleman gegenüber, der nicht nur durch seine elegante Kleidung, sondern auch durch einen höchst gepflegten Schnurrbart auffiel.

»Ich hoffe, Sie haben noch nichts unterschrieben.« Der Mann stürzte in mein Zimmer. »Wie ich diesen Gauner kenne, hat er Ihnen erzählt, daß er israelische Verwandte hat und daß Sie sich vor den Verbrechern dieser Stadt vorsehen sollen. Das ist sein Trick. Dann bringt er Sie dazu, einen fadenscheinigen Kontrakt zu unterschreiben, schnappt Ihren Film, zieht sich eine Raubkopie fürs Video und das ist das letzte, was Sie von ihm sehen.«

Ich dankte ihm überschwenglich dafür, daß er mich fünf Minuten vor 12 aus den Fängen dieser Hyäne befreit hatte. Mein Gast zog einen sorgfältig gefalteten Videovertrag aus der Tasche: »Ich biete Ihnen ein Drittel von den Bruttoeinnahmen«, sagte er, »unterschreiben Sie bitte hier.«

Mein Kugelschreiber befand sich schon auf der gestrichelten Linie, da erschien plötzlich ein schwarzer Domestike und überreichte mir ein Telegramm: »SIE SIND

IN GEFAHR«, las ich, »ICH WARTE UNTEN BUCHBINDER«.

»Verzeihen Sie«, sagte ich zum Drittel der Bruttoeinnahmen und stürzte hinunter. Buchbinder, hinter einer riesigen Zimmerpalme versteckt, wartete auf mich:

»Der Gangster in Ihrem Zimmer arbeitet mit dem Präsidenten zusammen. Vor Jahren, als sie einander im Zuchthaus für Triebverbrecher in Alabama trafen, beschlossen die beiden, Partner zu werden. Der Schnurrbart warnt Sie vor seinem Partner, um sich Ihr Vertrauen zu erschleichen. Aber bevor Sie wissen, wie Ihnen geschieht, ist Ihr Film in den Händen der internationalen Video-Mafia. Die beiden Schurken haben schon einen ganzen Friedhof in Hollywood bevölkert. Ich kann nur hoffen, daß Sie noch nichts unterschrieben haben.«

»Natürlich nicht«, lächelte ich herablassend. »Ich bin nicht so gutgläubig, wie ich aussehe.«

»Das sehe ich«, pflichtete mir Buchbinder bei. »Was Sie brauchen, ist eine anerkannte, respektable Gesellschaft, der Sie vertrauen können. Ich verbringe einen Teil meiner Freizeit als Vizepräsident der Videoabteilung von Metro Goldwyn Mayer. Wo ist die Kopie Ihres Filmes?«

»Ich hole sie sofort, Herr Vizepräsident«, sagte ich, glücklich über dieses unerwartete Zusammentreffen. Doch in diesem Augenblick tauchte der Hotelportier auf der anderen Seite der Palme auf und flüsterte mir zu, daß ich dringend am Haustelefon verlangt werde. Schnurrbart, der noch in meinem Zimmer saß, rief mich von oben an.

»Hallo«, hauchte er, »ist er weg?«

»Wer?«

»Der Schweinehund. Er stellt sich immer als Vizepräsident vor, obwohl er ein heruntergekommener Taschendieb ist. Er hat Ihnen sicher erzählt, daß ich mit dem Präsidenten zusammenarbeite, daß wir ein berüchtigtes Gangsterpaar sind. Stimmt's?«

»Es ist durchaus denkbar«, stotterte ich, »daß Vizepräsident Buchbinder irgend etwas in dieser Richtung angedeutet hat.«

»Buchbinder ist sein Deckname, in Wirklichkeit heißt er Kraus. Er wird als Rückfalltäter wegen Vergewaltigung Minderjähriger von der Interpol gesucht.«

»Woher wissen Sie das?«

»Er ist mein bester Freund.«

Ich ging zurück zum Schweinehund und brach die Verhandlungen unter dem Vorwand ab, daß die Kopie meines Films eben gewaschen und abgeschmiert werde. Dankerfüllten Herzens eilte ich zum Schnurrbart in mein Zimmer, aber während wir mit dem Lift am 22. Stockwerk vorbeifuhren, beugte sich der betagte Liftboy zu mir und wisperte in mein Ohr:

»Ich hoffe in Ihrem Interesse, daß Sie kein Geld oder sonstige Wertsachen in Ihrem Zimmer aufbewahren. Ihr Gast ist jener König der Geldschrankknacker, der erst heute morgen von der Teufelsinsel entsprungen ist, um sich hier in einem Freudenhaus zu verbergen. Außerdem lügt er.«

Der Greis reichte mir seine Visitenkarte: »Confidential Films, Video Distribution Company. Schnell, gründlich, zuvorkommend.«

Einigermaßen verwirrt betrat ich mein Zimmer im 33. Stockwerk.

»Hat Sie der Liftboy angesprochen?« Der Schnurrbart musterte mich mißtrauisch.

»Nein«, antwortete ich, »warum sollte er?«

»Hüten Sie sich vor ihm«, warnte mich der Schnurrbart. »Er ist ein stadtbekannter Bigamist, der seine Alimente durch Pferdediebstahl finanziert. Wissen Sie was? Neh-

men Sie doch endlich den Kugelschreiber, und schließen wir den Vertrag.«
Das Telefon läutete. Ich hob den Hörer ab und sagte: »Hallo, ich habe noch nicht unterschrieben.«
»Gott sei Dank«, am andern Ende seufzte jemand erleichtert. »Ist das Bob?«
»Nein, Kitchen. Sie sind falsch verbunden.«
»Bob ist eine Ratte, halten Sie ihn sich vom Leibe«, sagte der Mann. Ich erwiderte ihm »Wem sagen Sie das?« und legte auf. Inzwischen war ich durch den Professionalismus, mit dem ich weichgeklopft werden sollte, etwas durcheinander geraten. Ich wandte mich vom Telefon ab und widmete mich wieder dem Schnurrbart, der eben hektisch meinen Kleiderschrank durchwühlte, in der Hoffnung, dort die Kopie meines Films zu finden.
»Das ist nur Routine.« Er durchsuchte die Taschen meiner Tennishose, ehe er sie mißmutig wieder in den Schrank hängte. »Sehr klug von Ihnen, den Film zu verstecken. In dieser Stadt wimmelt es von Ganoven, die sich nicht scheuen, Ihren Kleiderschrank zu durchwühlen. Erlauben Sie, daß ich mich vorstelle? Ich bin Colonel Westinghouse vom 17. Kavalleriekorps.«
Bei dieser Gelegenheit fiel mir erst auf, daß es nicht mehr der Schnurrbart war, sondern jemand ganz Neuer. Ein Mann mit einer roten Nase und einem riesigen Texashut. Die beiden müssen irgendwann die Zimmer getauscht haben.
»Geben Sie den Film nicht aus den Händen«, warnte mich der Colonel. »Sie befinden sich hier in Sodom. Sie sitzen zum Beispiel in einem privaten Vorführraum am andern Ende der Stadt, gemeinsam mit einem hochangesehenen Agenten, er könnte Ex-Offizier sein oder ähnliches, und mitten in der Vorführung holt man hinter Ihrem Rücken die Filmrollen weg, bringt sie ins

Videolabor nebenan, wo sie skrupellos kopiert werden. Dann verkauft man die Raubkopien zu phantastischen Preisen nach Saudiarabien an die Ölscheichs.«
Nackte Angst begann mich zu würgen. »Sind das alles Verbrecher hier, Colonel Westinghouse?«
»Vergessen Sie Westinghouse. Der Kerl ist einer der ärgsten Unterweltler, ein diebischer Betrüger, ein betrügerischer Dieb ...«
»Verzeihen Sie«, unterbrach ich ihn, »sind Sie nicht selbst Westinghouse?«
Der Colonel verfiel in Schweigen und zwinkerte einige Male, während er seine rote Nase rieb. »Ich bin ein bißchen durcheinander«, gestand er schließlich. »Ich meinte jemand anderen. Diese Stadt wimmelt von elenden Zuhältern, die meisten sind auch Grabräuber. Sie kotzen mich an, alle. Also, wo ist Ihr Film, Mr. Kitchen? Ich möchte ihn gerne einmal ansehen.«
»Ansehen? Wo?«
»In einem privaten Vorführraum am andern Ende der Stadt.«
»Ich habe ihn nicht bei mir«, würgte ich hervor, »ich traue mir selbst nicht.«
»Was haben Sie über sich gehört?«
Ich zog ihn vertrauensvoll in die andere Ecke des Zimmers. Plötzlich fühlte ich mich leicht und beschwingt. Meine Worte sprudelten hervor: »Ich bin der größte Gauner, den Sie je gesehen haben, ein notorischer Berufslügner...«
»Großartig!« Der Colonel klopfte mir auf die Schulter. »Willkommen in Hollywood!«
Wir schüttelten uns die Hände und beschlossen stehenden Fußes, eine Videofilmagentur zu gründen und uns gegenseitig so oft wie möglich nach Leibeskräften zu betrügen. Seitdem lebe ich in Hollywood und vertreibe Verleumdungen en gros. Die Geschäftsadresse lautet:

»Westinghouse & Kitchen, Vereinigte Intrigenspinnerei, 10712 Sunset Boulevard. Eingang durch den Hof. Unterschreiben Sie nichts!«

Es gibt in der Medienwelt eine heilige Institution, die man nur mit ehrfürchtigem Flüstern ausspricht: »Live!«

Jeder weiß heute, was das ist. Aber nicht jeder weiß, daß die Vorbereitungen für eine Live-Sendung zehnmal so viel Zeit brauchen wie die für eine ganz gewöhnliche Aufzeichnung, denn jedes Wort und jeder humorvolle Geistesblitz muß während endloser Proben unzählige Male einstudiert werden.

Die Zuschauer zu Hause merken davon nichts, weil für sie alles live ist, aber die Fernsehleute stammeln vor Begeisterung und schütteln den Technikern nach der Sendung die Hände, als ob sie den Mount Everest bezwungen hätten.

Ich meinerseits bin ein leidenschaftlicher Anhänger von Live-Sendungen, unter anderem, weil es die einzige Möglichkeit ist, Israels Sache zu verteidigen, ohne die Schere des TV-Redakteurs zu bemühen. Es gibt allerdings ein gefährliches Handicap, welches wie ein Damoklesschwert über den Köpfen aller Beteiligten schwebt: Zu einer Live-Sendung darf man nicht zu spät kommen.

Direktübertragung
leicht verspätet

Vor einigen Tagen besuchte mich der Kulturredakteur unserer staatlichen Rundfunkanstalt und sprach zu mir wie folgt:

»Am nächsten Sonntag veranstalten wir eine leichte Unterhaltungssendung mit Publikum. Live! Wir würden uns freuen, Sie als Vortragenden begrüßen zu dürfen. Das Thema, über das Sie sprechen sollen, lautet: ›Gibt es einen typisch israelischen Humor, und wenn ja, warum nicht?‹«

»Meiner Meinung nach«, sagte ich abweisend, »soll ein Schriftsteller schreiben und nicht reden.«

»Sie haben vollkommen recht. Trotzdem können wir Ihnen nicht mehr als 15 Pfund zahlen.«

»Für mich ist das keine Frage des Geldes.«

»Einverstanden. Beginn um 18 Uhr 30. Studio 4. Bitte pünktlich sein. Wir senden Live!«

Um 18 Uhr 20 fuhr ich zum Sender. Ohne zu prahlen: Es herrschte ein solcher Andrang, daß die Veranstalter bereits das Gittertor geschlossen hatten, um die andrängenden Massen abzuwehren. Ich wollte mich durchzwängen und kam auch wirklich bis an das Tor heran, aber dann ging's nicht weiter. Ein eisernes Gittertor ist ein eisernes Gittertor, besonders wenn es von innen versperrt ist.

Es blieb mir nichts übrig, als um das ganze Studio herumzugehen, bis zur Hinterfront. Dort gab es, wie ich wußte, noch einen Eingang, eine kleine Glastür.

An der Innenseite dieser Tür hing eine Tafel mit der Ankündigung meines Vortrags. Ein paar optimistische junge Menschen umstanden die Tür, in der Hoffnung, vielleicht doch noch live dabei sein zu können. Vorläufig sahen sie nur die dichtgedrängten Zuschauerreihen im

Innern des Studios und den in nervöser Erwartung auf und ab gehenden Stockler.
Ich klopfte an die Tür. Niemand öffnete. Ich klopfte kräftiger. Ein untersetzter Ordner näherte sich von innen, schob die Tafel ein wenig zur Seite und machte das international gebräuchliche Zeichen für »Schert euch zum Teufel!« Ich zeigte mit ausdrucksvoller Gebärde auf mich selbst und gab mich als Vortragenden zu erkennen. Die nicht minder ausdrucksvolle Gebärde des Ordners deutete an, daß er willens sei, mir alle Knochen im Leib zu brechen. Die optimistischen jungen Menschen ringsum verhöhnten mich, weil ich mit einem so alten Trick versucht hatte, hineinzukommen. Ich begann aufs neue an die Türe zu klopfen, diesmal mit beiden Fäusten. Dann nahm ich noch die Füße zu Hilfe. Tatsächlich öffnete sich die Türe, wenn auch nur spaltbreit, und der Ober-Ordner schlug mir einen Besenstiel über den Kopf.
»Kein Platz mehr!« brüllte er. »Verschwinde!«
Obwohl ich unter der Wucht des Hiebes wankte, bewahrte ich meine Geistesgegenwart.
»Ich bin der Vortragende!« stieß ich hervor und sprang hurtig zur Seite. »Lassen Sie mich hinein.«
»Nicht einmal der Intendant kommt hier herein!« Der Besenstiel sauste drohend durch die Luft. »Reiz mich nicht, oder ich hol die Polizei!«
Er schlug die Türe zu, versperrte sie und schob mit hämischem Nachdruck den Riegel vor.
Ich ließ mich auf einen nahegelegenen Hydranten nieder und überlegte. Unter gar keinen Umständen würde ich aufgeben, soviel stand fest.
Aus dem Studio klang gedämpftes Klatschen. Die Ungeduld des Publikums wuchs. Jetzt galt es zu handeln. Von der gegenüberliegenden Drogerie rief ich das Studio an.

»Wir sind voll«, sagte eine mürrische Stimme.
»Bitte schicken Sie mir Herrn Stockler zum Telefon.«
»Unmöglich. Er ist drinnen beim Vortrag.«
Als ich zu meiner Ausgangsbasis zurückkehrte, hatten sich die jungen optimistischen Menschen bereits aus dem Staub gemacht. Nur ein einziger stand noch da. Er trug eine große Ziehharmonika und war, wie sich alsbald herausstellte, das »Gemischte künstlerische Programm« der Unterhaltungssendung. Auch er war zu spät gekommen.
Rasch freundeten wir uns an und tauschten allerlei Ideen aus, wie wir die Wachsamkeit der Ordner umgehen könnten. Nichts Erfolgversprechendes fiel uns ein. Mendel – dies der Name des Gemischten Programms – begann auf seiner Ziehharmonika eine mitreißende Marschmelodie zu spielen, konnte sich aber gegen die lauten Pfiffe des Publikums im Studio nicht durchsetzen.
Etwas Drastisches mußte geschehen. Ich ging wieder in die Drogerie und bat um irgendwas, womit man auf Glas schreiben könnte.
»Sind Sie der Vortragende von drüben?« fragte der Drogist.
Ich bejahte.
»Die Vortragenden von Livesendungen nehmen gewöhnlich Lippenstift.«
Ich erstand einen Lippenstift der bewährten Marke »Feurige Küsse«, ließ mich vom Gemischten Programm über die Höhe der Tafel heben und schrieb in großen, leuchtenden Lettern auf das Glas: ICH BIN DER VORTRAGENDE.
Der Ober-Ordner und sein vierschrötiger Assistent sahen mich und griffen nach ihren Besenstielen, aber bevor sie die Türe öffnen konnten, brachten wir uns in Sicherheit.

»Du Trottel«, keuchte das Gemischte Programm, noch während wir rannten. »Weil du nicht in Spiegelschrift geschrieben hast.«
Die Ziehharmonika hinderte ihn beim Laufen. Er erklärte mir, daß er dieses blödsinnige Instrument schon längst verkaufen wollte, aber Stockler hätte ihm für die heutige Sendung 75 Pfund geboten.
Als wir an einem Postamt vorbeisausten, durchzuckte mich ein grandioser Einfall. Ich stürzte hinein und fragte den Schalterbeamten, wie lange die Beförderung eines Telegramms zum Rundfunk dauerte. Seine Antwort war:
»Was weiß ich?«
Ich ließ mich davon nicht abhalten und schrieb auf das Formular: STEHE DRAUSSEN VOR EINGANG STOP HINEINLASSET MICH RASCHEST STOP DER VORTRAGENDE.
Wir eilten zum Studio zurück, diesmal zum Haupteingang, aber der Telegraphenbote kam nicht. Die südlichen Postverhältnisse liegen doch sehr im argen.
Im Studio war unterdessen ein wahres Pandämonium losgebrochen. Man hatte den Eindruck, daß das Haus jeden Augenblick in die Luft gehen würde.
»Wir müssen das Tor rammen«, sagte Mendel heiser.
In einer Ecke des Vorhofs lehnte eine pensionierte Wagendeichsel. Wir nahmen sie unter die Arme, gingen ein paar Schritte rückwärts, um genügend Anlauf zu haben, und warfen uns mit aller Kraft gegen die Festung. Beim ersten Versuch wurden wir zurückgeschleudert. Beim zweiten splitterte das Tor.
Der Nahkampf war kurz und heftig. Mendel brach unter der Pranke des Ober-Ordners zusammen. Ich entging dem Stuhl, den man als Wurfgeschoß gegen mich benützte, durch eine geschickte Körperdrehung und rannte im Zickzack, um den Kugeln kein Ziel zu bieten, zum Studioeingang. Der Ober-Ordner ließ den leblosen

Körper des Gemischten Programms liegen und sprach mich von hinten an. Mein Mantel blieb in seinen Händen. Ich taumelte auf das Podium, blutverschmiert, aber ungebeugt.
Stockler war sichtlich erleichtert, mich zu sehen, und fragte, warum ich so spät käme. Ich sagte es ihm.
»Ja, ja«, bestätigte Stockler. »Solche Sachen kommen vor. Vielleicht sind unsere Ordner ein wenig übereifrig. Aber glauben Sie mir: Es ginge sonst noch viel schlimmer zu. Vorigen Monat ist der bekannte Lyriker Melamed-Becker beinahe erstickt, als er versuchte, sich durch die Ventilationsanlage in das Studio zu zwängen.«
Dann stellte mich Stockler dem Publikum vor, das mich mit frenetischem Applaus empfing. Seitlich vom Podium stand der Ober-Ordner mit seinem Assistenten. Beide klatschten wie besessen.
»Meine Damen und Herren«, begann ich die Livesendung. »Es gibt ganz entschieden einen typisch israelischen Humor...«

Nun zurück zur Presse, genauer gesagt zur Pressezensur.
In totalitären Staaten bringen wortkarge Zensoren die Stimme der Presse blitzartig zum Schweigen, doch in der freien Welt kommt so etwas nicht in Frage. Bei uns

gibt es keinen Platz für offene oder getarnte Zensur, wenn wir von der Militärzensur absehen wollen, deren Zuständigkeitsbereich lediglich Sicherheit, Moral, nationale Einheit, Skandale, Gerüchte und ähnliches umfaßt. Und auch bei diesen handelt es sich eher um eine freundliche Aufforderung an den Patrioten und den Intellekt im Herzen eines jeden würdigen Journalisten, der keinen Tritt in den Hintern bekommen will.

Vorsicht! Feind hört mit!

Die Schwierigkeiten begannen damit, daß der Geburtstag unseres Ministerpräsidenten wieder einmal bevorstand. Aus diesem hehren Anlaß nahm der Pressesprecher des Kabinett-Chefs Kontakte zu den Zeitungen auf und ersuchte die Herren Redakteure, in ihren Glückwunsch-Artikeln das Alter unseres Premierministers nicht zu erwähnen.

Der Grund für diesen außergewöhnlichen Schritt war die Befürchtung, daß die öffentliche Meinung in den USA brüskiert werden könnte, wenn ruchbar würde, daß sich das Land einen Regierungs-Chef leistet, der älter ist als der amerikanische Präsident.

»Unserer Vorsicht sind keine Grenzen gesetzt«, bekannte der Pressesprecher mit ungewöhnlicher Offenheit, »da wir derzeit in besonders heiklen Verhandlungen mit amerikanischen Regierungsstellen stehen. Wir würden es daher den verehrten Herren von der Presse besonders hoch anrechnen, wenn es ihnen möglich wäre, die Veröffentlichung des Alters unseres Premiers zu verhindern.«

Die Reaktion der Zeitungsleute war vorauszusehen: »Kommt gar nicht in Frage! Wenn an diesem Geburtstag überhaupt etwas Berichtenswertes ist, dann das Alter.«

»Ganz im Gegenteil, meine Herren«, erwiderte der Pressesprecher. »Die Hauptsache ist, daß es einen Geburtstag gibt. Wen interessiert schon das Alter? Wer hat etwas davon, wenn solche Dinge in aller Öffentlichkeit breitgetreten werden? Und überhaupt, wann werden Sie endlich die freiwillige journalistische Selbstzensur akzeptieren, meine Herren?«

Die Diskussion dauerte, ohne greifbare Ergebnisse zu zeigen, bis in die frühen Morgenstunden.

Der Pressesprecher war gekränkt und kündigte an, daß er sich angesichts der mangelnden Kooperation in Zukunft ebenso schäbig verhalten würde.

Der Herausgeberverband berief eine außerordentliche Sitzung des Redakteursrates ein, um eine gemeinsame Marschroute festzulegen. Der Druck von oben wurde immer stärker, und die Interventionen begannen.

Die staatliche Fremdenverkehrsstelle verlangte entschieden, das Geheimnis des Alters unseres Premiers zu wahren, da sonst der zu erwartende Touristenstrom versiegen könnte.

Dann schloß sich Professor Wasserlauf dieser Forderung an und drohte, die ärztliche Betreuung des Ministerpräsidenten einzustellen, wenn dessen hohes Alter publik gemacht würde.

Aber Zeitungsleute können auf Nebensächlichkeiten keine Rücksicht nehmen. Die einzige nationale Pflicht, die sie anerkennen, besteht darin, die Auflagen ihrer Zeitungen zu erhöhen.

Daher legten sie anderntags dem militärischen Zensor folgenden Text vor:

DER PREMIERMINISTER WIRD 73

Geburtstagsfeier im intimen Freundeskreis geplant

Diese aufsehenerregende Meldung wurde vom Zensor

leicht geändert und in folgender Form an die Redaktionen zurückgegeben:

DER PREMIERMINISTER WIRD
Feier im intimen Freundeskreis

Die Presse protestierte einmütig gegen diese Beschneidung der freien Meinungsäußerung. Um so mehr, als hier eine Nachricht von weltweiter Bedeutung dergestalt verfälscht wurde, daß sich dem wachen Leser zwielichtige Assoziationen aufdrängen müssen.
Der Exekutivausschuß des Herausgeberverbandes wies in einem Kommuniqué darauf hin, daß man unter solchen Bedingungen dem Leser keine glaubhaften Informationen liefern könne. Daraufhin schlug die Militärzensur als Kompromiß vor, daß man der Einfachheit halber folgende Überschrift wählen könnte:

DER PREMIERMINISTER WIRD DEMNÄCHST

Den Rest könne sich der Leser nach Belieben dazudenken, vorausgesetzt, daß er damit keine lebenswichtigen Interessen des Staates gefährde.
Während noch der Katastrophenausschuß des Herausgeberverbandes an einem geharnischten Protest gegen diese irreführende Formulierung feilte, kam folgende Weisung aus dem Verteidigungsministerium:
»Auf keinen Fall darf das Wort ›Freundeskreis‹ veröffentlicht werden, da dies der Preisgabe eines Sicherheitsgeheimnisses gleichkommt.«
Fast gleichzeitig kam ein Fernschreiben des zionistischen Weltkongresses aus New York:
»Des Premiers Geburtstag darf mit keinem Wort erwähnt werden. Die Vertreter des Nationalfonds befürchten angesichts der Tatsache, daß dieses Datum in

die Saure-Gurken-Zeit fällt, ein Mißlingen der demnächst beginnenden Spendenaktion. Wir schlagen vor, das freudige Ereignis auf den späten Herbst zu verlegen, wenn sämtliche New Yorker Kaufleute aus dem Urlaub zurückgekehrt sind.«
Zusätzlich ersuchte das Büro des Ministerpräsidenten, in dieser ernsten Zeit von der Verwendung des hochtrabenden Begriffs »Feier« abzusehen.
Hingegen gab der Militärzensor bekannt, daß er gegen folgende Formulierung keine Einwände hätte:

DER PREMIERMINISTER
ist Ministerpräsident

Die Redakteure gingen auf die Barrikaden und drohten mit der Veröffentlichung etlicher sarkastischer Artikel zum Thema »Pressefreiheit«. Als Folge dieser Drohung berief der nationale Sicherheitsausschuß eine dringende Notstands-Sitzung ein.
Der Pressesprecher des Kabinetts unternahm übermenschliche Anstrengungen, um vielleicht doch noch eine gemeinsame Lösung finden zu können:
»Meine Herren! Als Privatmann kann ich sie durchaus verstehen«, sagte er den versammelten Journalisten kurz vor Mitternacht, »doch als Beamter ist es meine Pflicht, darauf zu achten, daß der Öffentlichkeit keine Staatsgeheimnisse preisgegeben werden. Solche Informationen können unter Umständen in die Hände unserer Feinde gelangen.«
»Blödsinn«, brummte ein Reporter, »in jedem Lexikon ist des Premierministers Geburtsdatum abgedruckt.«
»Das mag sein«, entgegnete der Pressesprecher, »aber in keinem Lexikon ist sein Alter angegeben!«
Die Herausgeber holten die letzte Nummer von »Time« und »Newsweek« hervor. Dort war nicht nur die staatsgefährdende Zahl »73« abgedruckt, zu allem Über-

fluß war dort auch je ein Meuchelfoto des Jubilars zu finden.

»Das ist etwas ganz anderes«, erläuterte der Pressesprecher. »Hier handelt es sich offensichtlich um Publikationen des Auslands, auf die wir leider nur geringen Einfluß ausüben können. Gerade deshalb müssen wir um so größere Anstrengungen unternehmen, um wenigstens im eigenen Haus, soweit möglich, Ordnung zu halten...«

Da wurde plötzlich die Tür aufgerissen, und der stellvertretende Chef der Spionageabwehr stürzte herein. Er meldete aufgeregt, daß der Auslandsdienst des Rundfunks die grobe Fahrlässigkeit begangen habe, dem Ministerpräsidenten anläßlich seines 73. Geburtstages in kroatischer Sprache zu gratulieren.

Allgemeines Entsetzen machte sich breit.

Der stellvertretende Sicherheitschef beruhigte die Anwesenden mit dem Hinweis, daß der verantwortliche Redakteur demnächst vor ein Kriegsgericht gestellt würde und mit einer langjährigen Gefängnisstrafe zu rechnen habe. Angesichts dieser Katastrophe trat die oberste Zensurbehörde zu einer Notstands-Sitzung zusammen und verfügte, daß der Rundfunk zu jeder vollen Stunde folgende Durchsage auszustrahlen habe:

»Die Meldung, wonach ein gewisser ranghoher Politiker soundsoviel Jahre alt geworden sei, ist eine infame, aus den Fingern gesogene Erfindung einer exilkroatischen Terrororganisation. Wahr ist vielmehr, daß kein Politiker älter geworden ist.«

Dieser Zwischenfall hatte zur Folge, daß sich die Sturheit der staatlichen Zensurbehörde potenzierte. Die Presseorgane wurden angewiesen, den Redaktionsschluß bis zum übernächsten Geburtstag des Premierministers zu verschieben.

Der Regierungssprecher machte einen letzten Versuch,

die widerspenstigen Redakteure zu beschwichtigen: »Lohnt sich denn dieses ganze Theater, meine Herren? Könnten Sie nicht irgendeine andere Sensation bringen? Schreiben Sie doch ein unterhaltendes Feuilleton mit dem Titel: ›Das Leben beginnt mit 73.‹«

»Das kommt überhaupt nicht in Frage«, protestierten die Redakteure, »unsere Pflicht ist es, das Alter des Ministerpräsidenten zu veröffentlichen.«

»Also gut, dann veröffentlichen Sie in Gottes Namen das Alter, aber nicht im Zusammenhang mit unserem Premierminister. Drucken Sie zum Beispiel ›Jemand wurde 73‹.«

»Das ist keine präzise Information!«

Die Lage wurde immer gespannter.

Die Armee wurde in Alarmbereitschaft versetzt.

Eine Ausgangssperre wurde verhängt.

Doch knappe fünf Minuten vor Ausbruch des Bürgerkriegs kam eine Nachricht, die erfreulicherweise die Auseinandersetzungen mit der Presse schnell beendete.

Der Ministerpräsident rutschte in seinem Badezimmer aus und erlitt einen Oberschenkelbruch.

Diese Nachricht wurde natürlich höchst ausführlich in allen Morgenzeitungen verbreitet, als Kompromiß blieb jedoch das Alter des Staatsmannes unerwähnt. Ende gut, alles gut.

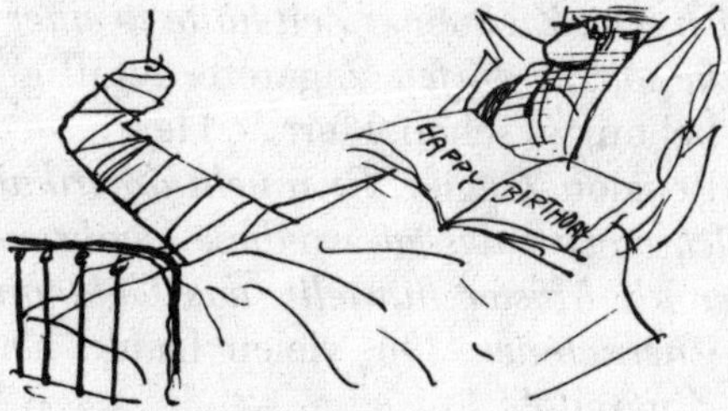

Die Presse beschäftigt die unterschiedlichsten Fachjournalisten, der wahre Journalist aber bleibt unangefochten der Reporter, besonders wenn es ihm gelingt, ein hohes Tier für eine Exklusivstory auszuquetschen.
Das ist ein Stück Schwerstarbeit, und die einzige Unterstützung, die er bekommen kann, kommt vom Interviewten selbst, der sich beide Beine ausreißt, um interviewt zu werden.

Röntgenbild eines Interviews

»Nur herein! Die Türe ist offen! *Endlich. Der Reporter. Seit einer halben Stunde warte ich auf ihn.* Bitte einzutreten!«
»Guten Abend, Herr Slutzky. Entschuldigen Sie den Überfall. *Er schaut genau so unsympathisch aus wie auf den Bildern, der alte Ziegenbock.* Ich bin der Reporter.«
»Reporter? Verzeihen Sie – was für ein Reporter?«
»Hat man Sie denn aus der Redaktion nicht angerufen? *Mach kein Theater, alter Bock. Seit Wochen liegst du unserem Chefredakteur in den Ohren, damit wir dich interviewen.*«
»Ach ja, jetzt dämmert mir etwas. Bitte nehmen Sie Platz. *Und mit einem solchen Niemand muß man auch noch höflich sein. Zu meiner Zeit hätte so einer höchstens die Bleistifte spitzen dürfen.* Zigarette gefällig? Ich freue mich, Sie bei mir zu sehen, Herr ... Herr ...«
»Ziegler. Benzion Ziegler. *Er raucht amerikanische Zigaretten. Ich möchte wissen, wo diese Idealisten, die man uns immer als Muster hinstellt, das Geld für so teure Zigaretten hernehmen.* Oh, vielen Dank. Eine ausgezeichnete Zigarette!«
»Benzion Ziegler? *Wer ist das?* Aber natürlich! *Vielleicht*

bringt er auch ein Foto von mir. Ich lese Ihre Artikel immer mit dem größten Vergnügen. *Schaut aus wie ein kompletter Analphabet.*«

»Sie erweisen mir eine große Ehre, Herr Slutzky. *Streng dich nicht an, du seniler Schwätzer. Spar dir die Phrasen.* Ich weiß, daß Sie auf mein Lob keinen Wert legen, aber ich möchte Ihnen doch sagen, daß es für unsere ganze Familie immer ein besonderes Ereignis ist, wenn Sie einmal im Radio sprechen. *Wir drehen dann sofort ab und haben endlich Ruhe.*«

»Das freut mich. Sie kennen ja mein Motto: ›Sag alles, was du sagen willst, aber sag's nicht schärfer, als du es sagen mußt!‹ *Warum schreibt er nicht mit, der Analphabet? Einen so hervorragend formulierten Gedanken müßte er doch mitschreiben.*«

»Darf ich diesen Ausspruch notieren? *Ich werde versuchen, ihm eine etwas bessere Fassung zu geben, sonst klingt es gar zu läppisch.*«

»Notieren? Wenn Sie diese Kleinigkeit für wichtig genug halten – bitte sehr, Herr Ziegler. *Hoffentlich kann er schreiben.*«

»Ich möchte Ihre kostbare Zeit nicht über Gebühr in Anspruch nehmen, Herr Slutzky. *Um neun Uhr beginnt das Kino, und ich habe noch keine Karten.* Darf ich Ihnen ein paar Fragen stellen?«

»Schießen Sie los, junger Mann. *Hoffentlich wurden ihm die Fragen von der Redaktion vorgeschrieben. Was könnte so einer schon fragen.* Ich werde frei von der Leber weg sprechen und mich nur dort ein wenig zurückhalten, wo die Sicherheit unseres Landes oder übernationale Fragen auf dem Spiel stehen. *Ob er das verstanden hat, der Schwachkopf?*«

»Ich verstehe vollkommen, Herr Slutzky. Herr Slutzky, es würde unsere Leser vor allem interessieren, was Sie zur gegenwärtigen Krise unserer Innenpolitik zu sagen haben. *Tu doch nicht so, als müßtest du erst nachdenken. Komm schon heraus mit deiner alten Phrase: ›Die Lage ist zwar kritisch, aber deshalb braucht man nicht gleich von Krise zu sprechen.‹*«

»Ich werde ganz offen sein, Herr Ziegler. Die Lage ist zwar kritisch, aber deshalb braucht man nicht gleich von Krise zu sprechen.«

»Darf ich diese sensationelle Äußerung wörtlich zitieren? *Ich mache mir keine Notizen mehr. Es steht gar nicht dafür, ein solches Gewäsch aufzuschreiben. Ich werde kleine abstrakte Figuren in mein Notizbuch zeichnen.*«

»Im Grunde liegt die baldige Beendigung der Krise im Interesse aller Parteien. *Von was für einer Krise spricht er überhaupt? Was weiß dieser junge Laffe von Krisen?* Eine dauerhafte Verständigung kann allerdings nur durch wechselseitige Konzessionen erzielt werden. *Seit vierzig Jahren sage ich immer das gleiche, und sie merken es nicht.*«

»Das trifft den Nagel auf den Kopf! *Seit vierzig Jahren sagt er immer das gleiche und merkt es nicht.* Meine nächste Frage, Herr Slutzky, ist ein wenig delikat. *Er wackelt mit den Ohren. Er hat die komischsten Ohren, die ich je gesehen habe.* Wie steht es Ihrer Meinung nach um die Sicherheit unserer Grenzen?«

»Ich bedaure, aber darüber kann ich aus Sicherheitsgründen nichts sagen. Ich kann höchstens versuchen ... wenn Sie es unbedingt wollen ... lassen Sie mich nachdenken ...«

»Aber bitte. *Hör auf, mit den Ohren zu wackeln, Slutzky. Um Himmels willen, hör auf. Ich bekomme einen Lachkrampf. Wenn ich nur wüßte, wem er ähnlich sieht. Halt, ich hab's. Dumbo. Walt Disneys fliegender Elefant, der seine Ohren als Flügel verwendet.*«

»Erlauben Sie mir bitte, mein persönliches Credo in

ein paar ganz kurze Worte zu kleiden: Sicherheit geht über alles.«

»Ausgezeichnet. *Wenn er die Ohren noch einmal flattern läßt, steigt er in die Luft und umkreist die Hängelampe.* Aber wie vereinbaren Sie das mit der scharfen Wendung unserer Außenpolitik?«

»Eine gute Frage. *Warum glotzt er mich denn so komisch an? Das macht er schon seit einer ganzen Weile.* Was ich Ihnen jetzt sage, ist nicht zur Veröffentlichung bestimmt.«

»Sie können sich auf mich verlassen, Herr Slutzky. *Ich darf ihn nicht mehr anschauen. Wenn ich ihn noch einmal dabei erwische, wie er mit dem linken Ohr wackelt, bin ich verloren. Ich habe immer das Gefühl, daß sein linkes Ohr dem rechten das Startsignal gibt.*«

»Brauchen Sie etwas, Herr Ziegler? Ist Ihnen nicht gut? *Diese jungen Anfänger von heute sind lauter Neurotiker. Zu meiner Zeit ...*«

»Nein, danke. Das Erlebnis, Ihnen zu begegnen, nimmt mich ein wenig mit. Schließlich bekommt man es ja nicht jeden Tag mit einem Jesaja Slutzky zu tun. *Das fehlte noch.* Sie sind also der Meinung, daß die derzeitige Spannung in den besetzten Gebieten noch eine Weile anhalten wird?«

»Darüber möchte ich mich nicht äußern.«

»Ich danke Ihnen. Gerade das ist eine vielsagende Äußerung. *Nur nicht hinschaun, nur nicht hinschaun. Noch ein einziges Ohrenflattern – und es ist um mich geschehn. Ich lache ihm ins Gesicht. Nach mir die Sintflut. Ich werde meinen Posten verlieren, aber diese Ohren ertrage ich nicht länger.* Eine letzte Frage, Herr Slutzky. *Nicht hinschaun. Nicht hinschaun.* Wirtschaftliche Unabhängigkeit – wann wird sie geschafft sein?«

»Ja – wann? *Warum fragst du mich, du Lümmel? Woher soll ich das wissen?* Wenn Sie gestatten, möchte ich Ihre

Frage mit einer Anekdote beantworten. Das ist eine alte jüdische Gewohnheit.«

»Ich bitte darum. *Er flattert schon wieder. Obwohl ich gar nicht hinschaue, spüre ich ganz deutlich, daß er schon wieder flattert.*«

»Also hören Sie zu. Der Schammes kommt zum Rabbiner und sagt: ›Rebbe, warum läßt man mich nie Schofar blasen?‹ Sagt der Rebbe: ›Schofar darf nur blasen, wer sich streng nach der Vorschrift gereinigt hat. Du suchst zwar regelmäßig das rituelle Bad auf, aber du hast es noch nie über dich gebracht, im Bad ganz unterzutauchen.‹ Sagt der Schammes ...«

»Ja? *Ich platze. Wenn er nicht sofort zu flattern aufhört, platze ich.*«

»Sagt der Schammes: ›Das Wasser im heiligen Bad ist immer so kalt.‹ Sagt der Rebbe: ›Eben. Auf Kaltes bläst man nicht.‹«

»Bruh-ha-ha ... *Gott sei Dank, das war's.* Bruuu-ha-ha-ha ... Bruuu-bruuu ...«

»Haha ... Aber Herr Ziegler! Es ist ja ein ganz guter Witz, nur ... gleich so ein Anfall ... haha ... ich hatte keine Ahnung ... warum denn gleich auf den Teppich ... Ich bitte Sie ... stehen Sie doch auf, Herr Ziegler ...«

»Ich kann nicht. Der Rebbe ... das Bad ... Dumbo ... Bruuu-ha-ha-ha ...«

»Na ja. Sie werden sich schon beruhigen ... *Mein Humor ist eben unwiderstehlich.* Noch irgendwelche Fragen?«

»Nein, nein, danke. Bruuu-ha-ha ...«

»Schon gut ... hahaha ... Auf Wiedersehn, Herr Ziegler. *Wie sich zeigt, hat meine Wirkung auf die junge Generation noch nicht nachgelassen.* Ich habe mich sehr gefreut, Sie bei mir zu sehen. Übrigens – nehmen Sie doch lieber eine von den alten Aufnahmen, nicht die

letzte ... haha, wirklich ... *Unsere Jugend ist zum Glück noch nicht ganz unempfänglich für witzige Parallelen.* Alles Gute, Herr Ziegler.«
»Bruuu-ha-ha-ha-ha ...«
»Auf Wiedersehen! *Eigentlich ein ganz netter Junge.*«

Hier folgt ein fiktives Interview mit einem fiktiven Revolutionsführer. Aber sonst stimmt alles.

Ein menschenfreundliches Staatsoberhaupt

»Herr Präsident Juan Napoleone Pistaccio, gestatten Sie mir, Sie im Namen meiner Zeitung zu Ihrem Amtsantritt zu beglückwünschen. Sie sind heute der Held ganz Südamerikas. Dürfte ich etwas über Ihre künftigen Pläne erfahren?«
»Ich habe meine Pläne noch nicht im Detail ausgearbeitet, werde aber während der kommenden Monate hauptsächlich mit der Stärkung unserer nationalen Einheit beschäftigt sein. Schon in den nächsten Tagen erlasse ich eine Amnestie für Kommunisten und Mitglieder der Opposition. Damit hoffe ich alle Hindernisse aus dem Weg zu räumen, die der Verwirklichung unserer sozialistischen Ziele noch entgegenstehen.«

»Und auf volkswirtschaftlichem Gebiet, Herr Präsident?«

»Eine bessere Auswertung unserer nationalen Einnahmequellen ist ebenso dringend erforderlich wie eine Revision unserer Verträge mit den ausländischen Ölgesellschaften. Die sofortige Beendigung der Feindseligkeiten mit der indianischen Minderheit sollte das geeignete Klima für die nötigen Reformen unseres Erziehungswesens schaffen. Alle diese Pläne hoffe ich bis Mitte Juni verwirklicht zu haben.«

»Warum gerade bis Mitte Juni, wenn ich fragen darf?«

»Weil ich Mitte Juni das erste Komplott gegen mein Regime aufdecken werde.«

»Offiziere des Generalstabs?«

»Ausnahmsweise nicht. An der Spitze der Verschwörung steht der Garnisonskommandant des Militärdistriktes Süd, einer meiner zuverlässigsten Kampfgefährten, den ich nächste Woche sogar zum Brigadegeneral ernennen werde.«

»Wird die Verschwörung Erfolg haben?«

»Nein. Der Bruder des Garnisonskommandanten läßt der Geheimpolizei rechtzeitig eine Geheiminformation zugehen. Anschließend kommt es zu einer rücksichtslosen Säuberung des Offizierskorps und zu Massenverhaftungen unter Kommunisten und Mitgliedern der Opposition. Der Führer der Rebellen wird von mir eigenhändig aufgehängt. Aber das ist vertraulich. Bitte erwähnen Sie in Ihrem Bericht nichts davon.«

»Ganz wie Sie wünschen, Herr Präsident. Wann werden die Säuberungen abgeschlossen sein?«

»Ungefähr Mitte August. Am 20. August fliege ich zu General Ghadaffi, um eine finanzielle Unterstützung zu organisieren. Ich bin sicher, daß wir dabei auf die denkbar günstigsten Umstände rechnen können. Unglücklicherweise wird gerade auf dem Höhepunkt der Verhandlungen die Nachricht von einer neuen Offensive der südlichen Rebellen eintreffen. Das soll mich aber nicht hindern, aus Libyen mit genauen Plänen für einen umfassenden Wiederaufbau des Landes zurückzukehren.«

»Dann werden Sie also Ende August mit den Rebellen vereinigt sein?«

»Leider nicht. Während meiner Ansprache an die Absolventen der Kadettenschule wird ein Attentat auf mich verübt, und die Maschinengewehrsalve –«

»Um Gottes willen!«

»Beruhigen Sie sich. Nur der Verteidigungsminister und der Befehlshaber der 6. Infanteriedivision fallen dem Attentat zum Opfer. Ich selbst begnüge mich mit einem Streifschuß an der linken Schulter und richte noch vom Krankenhausbett aus eine Rundfunkrede an die Nation. Diese Rede, an der ich bereits arbeite, wird von mir in wenigen Tagen auf Band gesprochen, so daß sie unter allen Umständen rechtzeitig verfügbar ist.«

»Darf ich etwas über den Inhalt der Rede erfahren, Herr Präsident?«

»Zunächst danke ich dem Allmächtigen für die Rettung meines Lebens und unseres Landes. Sodann kündige ich eine umfassende Säuberung unter den Mitgliedern des Offizierskorps an, die meine Besprechungen in Libyen dazu genützt haben, um das Attentat zu organisieren.«

»Wissen Sie schon, wer Sie bei dieser Säuberungsaktion unterstützen wird?«

»Der Kommandant der Panzertruppen. Ich ernenne ihn dafür Mitte September zu meinem Stellvertreter, was ich Ende November tief bedauern werde. Aber dann ist es schon zu spät.«

»Und bis dahin, Herr Präsident?«

»Bis dahin erfolgt die Nationalisierung der Banken und

ein unvorhergesehenes Massaker unter den Anhängern der Linken. Der anschließende Prozeß wird durch den Rundfunk übertragen, die anschließenden Hinrichtungen durch das Fernsehen. Es werden insgesamt neun Rebellenführer gehängt.«

»Wieder von Ihrer eigenen Hand?«

»Diesmal nicht. Ich halte mich zur betreffenden Zeit in Moskau auf, um mit den Sowjets über eine neue Waffenlieferung zu verhandeln. Der stellvertretende Generalstabschef wird mich begleiten.«

»Nicht der Generalstabschef selbst, Herr Präsident?«

»Er ist unabkömmlich. Er muß ein Attentat auf mich vorbereiten, das in der ersten Oktoberwoche stattfinden wird.«

»Maschinengewehr?«

»Bomben. Der Kommandant unserer Luftwaffe macht sich die erneut ausgebrochenen Kampfhandlungen gegen die Indianer zunutze und bombardiert am Morgen des 6. Oktober meine Privatresidenz.«

»Wird Ihre Leiche unter den Trümmern gefunden, Herr Präsident?«

»Nein. Meinen Plänen zufolge werde ich wie durch ein Wunder gerettet, denn ich befinde mich zufällig im Keller, während die Bomben in mein Arbeitszimmer fallen. Von dem Sessel, auf dem Sie sitzen, und vom Büchergestell zu Ihrer Rechten bleiben nur Holzsplitter übrig.«

»Das wäre also am 6. Oktober, wenn ich recht verstehe?«

»Mit einer Verzögerung von ein bis zwei Tagen muß man natürlich immer rechnen. Aber an meinem Terminkalender wird sich nichts Wesentliches ändern. Hier, in diesem kleinen Notizbuch, ist alles genau aufgezeichnet... lassen Sie mich nachsehen... Ja. Für Mitte Oktober steht eine umfangreiche Säuberung auf dem Programm, dann folgen umfangreichere Säuberungen, und Ende Oktober wird der Justizminister aufgehängt.«

»Eine Verschwörung?«

»Ein Mißverständnis. Anschließend Blutbad seitens der Polizei, allgemeines Ausgehverbot, noch ein Blutbad und Belagerungszustand. Der Gouverneur des zentralen Regierungsbezirks wird verhaftet. Am 1. November trifft eine Goodwillmission der Vereinigten Staaten ein und überbringt eine größere Anzahlung auf die soeben bewilligte Entwicklungshilfe sowie einen neuen Waffenlieferungsvertrag, dessen Kosten gegen die nächste Rate der Entwicklungshilfe gestundet werden. Eine Verschwörung des neuen Verteidigungsministers scheitert.«

»Und für wann, Herr Präsident, ist Ihr eigentlicher Sturz vorgesehen?«

»Er sollte planmäßig zwischen dem 8. und 11. November erfolgen.«

»Der stellvertretende Generalstabschef?«

»Ist in die Sache verwickelt. Aber die führende Rolle spielt der Kommandant der Panzertruppen, den ich im September so voreilig zu meinem Stellvertreter gemacht hatte.«

»Ich verstehe. Darf ich fragen, wie das Ganze vor sich gehen wird?«

»Motorisierte Truppen besetzen unter der Vorspiegelung von Routinemanövern das Rundfunkgebäude. Mein Vetter, den ich im Oktober zum Innenminister ernannt haben werde, richtet einen Aufruf an die Nation und nennt mich... warten Sie, auch das muß ich irgendwo haben... richtig. Er nennt mich einen Bluthund mit triefenden Pranken und einen stinkenden Schakal im Dienste des CIA. Zum Schluß appelliert er an die nationale Einheit.«

»Sehr vernünftig, Herr Präsident. Nur noch eine kleine Frage: warum lassen Sie – da Ihnen ja das genaue Datum des Aufstandes bekannt ist – das Rundfunkgebäude nicht in die Luft sprengen, bevor es die Aufständischen besetzen?«
»Ich erteile tatsächlich einen solchen Befehl. Aber mein zuverlässigster Vertrauensmann, der für den Sender verantwortliche Garnisonskommandant, schlägt sich leider auf die Seite der Rebellen.«
»Schade. Werden Sie kämpfen, Herr Präsident?«
»Nein. Ich fliehe in einem blaugestreiften Pyjama. Nach meinen Berechnungen sollte man mich zwei Tage später gefangennehmen, gerade als ich in Frauenkleidern ein Versteck außerhalb der Hauptstadt zu erreichen versuche. Bald darauf werde ich erschossen.«
»Wird man Ihren Leichnam durch die Straßen schleifen?«
»Selbstverständlich. Zumindest durch die Hauptstraßen.«
»Und Ihre Pläne für die weitere Zukunft, Herr Präsident?«
»Sie enden ungefähr hier. Meine Sendung als Führer dieses Landes ist ja um diese Zeit bereits erfüllt.«
»Und wer, wenn Sie gestatten, wird dann Ihr Nachfolger?«
»In meinem Testament empfehle ich den von mir eingesetzten Garnisonskommandanten, der mich später verraten hat.«
»Was sind seine Pläne?«
»Ich vermute: Stärkung der nationalen Einheit, allgemeine Amnestie für Kommunisten und Mitglieder der Opposition, sofortige Beendigung der Feindseligkeiten mit den Indianern, finanzielle Unterstützung durch General Ghadaffi – aber vielleicht fragen Sie besser ihn selbst, so um den 15. November herum. Ich bin nur für

meine eigene Planung verantwortlich. Und jetzt entschuldigen Sie mich. Ich muß eine Siegesparade abnehmen.«

Ich bin sicherlich der Wahrheit sehr nahe, wenn ich annehme, daß jeder zweite Jugendliche davon träumt, Starreporter zu werden und hohe Tiere auszuquetschen. Auch ich begegne von Zeit zu Zeit einem dieser jungen Talente. Was mir Kummer macht, ist, daß sie mit den Jahren immer jünger werden.

Vom Gravitationsprinzip des Lokalpatriotismus

Vor einiger Zeit wurde ich eingeladen, in Linzer Kulturkreisen einen Vortrag über Israel zu halten.
Etwa eine Stunde vor Veranstaltungsbeginn tauchte ein junger Mann in meinem Hotel auf. Er stellte sich als Berichterstatter der bedeutendsten Linzer Gazette vor.
»Ist das Ihr erster Besuch in Linz?« begann er das Interview.
»Ja.«
»Warum?«
Ich stockte. Ich war noch nicht dazu gekommen, mich mit dieser Problematik richtig auseinanderzusetzen. Ich war auf diese Frage nicht genügend vorbereitet.

»Nun ja«, murmelte ich schließlich, »ich muß zugeben, daß ich noch nie in Linz war. Aber jetzt bin ich sehr froh, sagen zu dürfen, daß ich hier bin.«
»Werden Sie Linz wieder besuchen?«
»Höchstwahrscheinlich.«
Mein junger Mann war sichtlich erleichtert, dies zu hören, denn, so versicherte er mir, Linz wäre eine der schönsten Städte der Welt. In diesem Zusammenhang wollte er wissen, was ich von Linz halte.
»Linz ist schön«, versicherte ich ihm.
Dem leicht beleidigten Gesichtsausdruck des jungen Redakteurs konnte ich entnehmen, daß ihn die Antwort nicht restlos befriedigte.
»Linz«, fuhr ich rasch fort, »ist sicherlich eine der schönsten Städte der Welt.«
»Darf ich Sie zitieren?«
»Natürlich.«
Mein erster Kontakt mit Linz hatte eigentlich erst spät am Abend zuvor stattgefunden. Was ich also bis dato von Linz wahrnehmen konnte, war eine Reihe funktionstüchtiger Straßenverkehrsampeln, ein verschlafener Hotelportier sowie einige jugoslawische Zimmermädchen. Aber warum sollte ich die Gefühle eines vielversprechenden jungen Reporters verletzen? Vielleicht ist Linz tatsächlich eine hübsche Stadt?
»Was sind Ihre nächsten Zukunftspläne?« fragte mich der junge Berichterstatter originellerweise.
»Ich habe die Absicht, eine Komödie zu schreiben.«
»Über Linz?«
»Ich fürchte, nicht.«
»Warum nicht?«
Ich stockte zum zweiten Mal. Man sollte wirklich ohne Vorbereitung keine Interviews geben.
»Darf ich Sie fragen, ob Sie schon unsere Industrieanlagen besichtigt haben?«

»Noch nicht.«
»Die müssen Sie unbedingt sehen. Der Anblick ist überwältigend. Sie werden begeistert sein, außerdem wäre das ein faszinierender Hintergrund für Ihr neues Stück.«
»Ohne Zweifel.«
»Wo beabsichtigen Sie, Ihr Stück über Linz zu schreiben?«
»Ich habe mich noch nicht entschieden.«
»Hier in Linz?«
»Vielleicht. Lassen wir das vorläufig offen.«
»Bitte sehr. Sie werden sowieso keinen geeigneteren Ort finden. Sehen Sie sich doch nur einmal unsere wunderschönen Hauptstraßen an. Haben Sie schon einmal Hauptstraßen gesehen, die gerader sind?«
Meine Lage wurde zusehends heikler.
»Sehr verlockend, diese Hauptstraßen, aber, um die Wahrheit zu sagen, ich möchte ganz gern nach Hause zu meiner Familie«, sagte ich dem jungen Mann, der, so schien es mir, ein echter Linzer war.
»Warum bringen Sie dann Ihre Familie nicht hierher?« fragte der Lokalreporter. »Linz ist weltberühmt für seine Gastfreundschaft. Wann kommt Ihre Familie nach Linz?«
Ich senkte meinen Blick.
»Das steht noch nicht endgültig fest. Meine Söhne sind noch in der Armee, wenn Sie wissen, was ich meine, und ich glaube nicht, daß man ihnen für einen Linz-Besuch Urlaub geben würde.«
»Ich bin da völlig sicher«, erwiderte der Reporter mit fester Stimme. »Sie müssen dem Armeekommandanten nur erzählen, was Linz für eine großartige Stadt ist, mit diesen vielen Häusern, geraden Straßen und den anderen Sehenswürdigkeiten. Sie werden sehen, daß er nachgeben wird. Schließlich kommen Men-

schen aus der ganzen Welt nach Linz und bleiben ihr Leben lang hier. Manche sogar noch länger.«

Ich blickte auf meine Uhr.

Der junge Mann sah inzwischen die Liste seiner Stichwörter durch, um sicherzugehen, daß er keine Fragen ausließ.

»Was«, fragte er mich sodann, »was hat Ihnen an Linz bisher am besten gefallen?«

»Alles«, erwiderte ich. »Linz ist Linz.«

»Inwiefern?«

»Nun ja«, riß ich mich zusammen, »erstens bin ich begeistert von diesen schnurgeraden Hauptstraßen. Dann kann ich nicht leugnen, daß mich Ihre grandiosen Industrieanlagen überwältigt haben. Und vollends hingerissen bin ich von der weltberühmten Linzer Gastfreundschaft.«

Der Berichterstatter strahlte übers ganze Gesicht. »Danke«, stieß er errötend hervor. »Darf ich das zitieren?«

»Bedienen Sie sich.«

Der junge Mann kramte seine Notizen zusammen. »Es scheint mir«, sagte er, »daß Sie sehr viel in der Welt herumgekommen sind. Darf ich Ihnen in diesem Zusammenhang eine ganz persönliche Frage stellen?«

»Bitteschön.«

»Welche von den vielen Städten, die Sie bisher auf der ganzen Welt besuchten, hat auf Sie den allerstärksten Eindruck gemacht?«

»Eine interessante Frage«, gab ich zu, »lassen Sie mich einmal nachdenken.«

»Bitte nehmen Sie sich Zeit«, flüsterte der junge Reporter aus Linz in atemloser Spannung. »Welche Stadt ... ist also ... die großartigste ...«

»Meiner persönlichen Meinung nach«, äußerte ich mich, »so gibt es, was Städte betrifft, sicherlich eine

Stadt, die alle anderen Städte der Welt übertrifft, was das essentiell Städtische betrifft.«
»Wie ... heißt ... diese Stadt?«
»Linz.«
Der junge Mann atmete erlöst auf, schneuzte sich gerührt, dankte mir herzlich und stolperte zur Tür.
Dann wandte er sich noch einmal um und sagte mit bebender Stimme:
»Ich habe es geahnt. Natürlich, Linz! Gott sei mein Zeuge, ich habe es geahnt...«

Einmal in meinem Leben, ich gestehe es, führte ich selbst ein Interview. Der Grund lag in der überragenden Prominenz meines Gesprächspartners auf theologischem Gebiet.
Die Religion ist bekanntlich ein höchst sensibles Thema, weil der Mensch seinem Mitmenschen alles verzeihen kann bis auf eines: daß er nach einem anderen Ritus zu seinem Schöpfer betet.
Auch in meinem Land tobt der Disput am leidenschaftlichsten zwischen jenen, welche die von Moses erlassenen Gesetze bis zum kleinsten Buchstaben genauso beachten, wie sie damals auf der Generalversammlung am Berg Sinai protokolliert wurden – und einer Reformbewegung, die darauf Rücksicht nimmt, daß sich seither einiges auf Erden geändert hat, und daß die Menschheit

sich mit elektrischen Kühlschränken, sterilisierter Milch, Karl Marx und der Ehescheidung à la Reno auseinandersetzen muß.

Exklusivinterview aus erster Hand

Der Tag des Interviews war stürmisch, stürmisch wie der im Parlament erfolgte Angriff der Nationalreligiösen Fraktion auf das Reformjudentum, als in mir der Journalist erwachte und mir plötzlich der Gedanke kam, den eigentlich und unmittelbar Betroffenen um seine Meinung zu fragen. Es würde schon in Anbetracht des delikaten Themas kein leichtes Interview werden, das war mir klar. Aber es interessierte mich, den offiziellen Standpunkt zu unserem offenbar unvermeidlichen Kulturkampf als Exklusivinterview zu veröffentlichen.

Ich: Was ist Ihrer Meinung nach der wesentliche Unterschied zwischen den beiden Haupttendenzen innerhalb der jüdischen Religion?

Der Herr (entschuldigend): Ich bin da leider nicht ganz auf dem laufenden, da mich in der letzten Zeit ein völlig anders geartetes Problem beschäftigt. Die Schwerkraft im Weltraum nimmt ab, das Universum beginnt sich auszudehnen, und es besteht die Gefahr, daß es mit der sogenannten Unendlichkeit über kurz oder lang vorbei sein wird. Dann stehe ich da und kann von vorne anfangen. Wie weit seid ihr von der Sonne entfernt?

Ich: In jüdischen oder arabischen Ziffern?

Der Herr: Natürlich arabisch.

Ich: 153 000 000 km.

Der Herr: Dann werdet ihr also ... dann werdet ihr in ungefähr einer Billion Jahren mehr als zweihundert Millionen Kilometer von der Sonne entfernt sein ... Wer weiß, was dann passiert ... Bedenken Sie bitte, daß

die Erde nur ein kleiner Planet im Sonnensystem ist und daß es in jeder Galaxie Millionen von Sonnensystemen gibt.
ICH: Als der Rabbiner des Orthodoxenviertels von Jerusalem einem Reformgottesdienst beiwohnte, spuckte er zweimal aus.
DER HERR: Da die erwähnten Millionen von Sonnensystemen mir sehr zu schaffen machen, kann ich meine Aufmerksamkeit nicht restlos auf den ehrwürdigen Rabbi konzentrieren.
(Ich stellte mit Vergnügen fest, daß der HERR sich als höflicher, urbaner, ja geradezu brillanter Gesprächspartner erwies. Er ist, wie man weiß, weltberühmt für die Erschaffung der Welt und hat ungefähr 3000 Jahre vor Christi Geburt der Erde ihre heutige Gestalt gegeben, einschließlich Bevölkerung, in insgesamt sechs Tagen. Das Gespräch wurde in idiomatischem Hebräisch geführt, mit einigen ungarischen Brocken dazwischen.)
ICH: Ich nehme an, HERR, daß Sie mehr als irgend jemand anderer auf die strikte Befolgung Ihrer Gebote Wert legen. Sind Sie religiös?
DER HERR (nach einigem Zögern): Nein. Ursprünglich stand ich auf seiten der Orthodoxen, aber jetzt gehen sie mir auf die Nerven. (Scharf.) Überhaupt befinde ich mich in einer unmöglichen Situation. Ihr schreibt mir die Erschaffung der Welt zu, ich gelte euch als ein überirdisches Wesen, dessen Werke das menschliche Fassungsvermögen weit übersteigen. Und trotzdem behandelt ihr mich wie einen Schmierenschauspieler, dem der Applaus über alles geht. Jeden Morgen muß ich mir die gleichen unterwürfigen Lobeshymnen anhören (er zitiert aus einem aufgeschlagenen Buch): »Herrscher der Welt, unser Vater, König der Könige, dem nichts verborgen bleibt, wir preisen Dich in Ehrfurcht,

Allmächtiger, der Du entscheidest über Leben und Tod und dessen Augen alles sehen ...« (Klappt das Buch zu.) Und so weiter und so fort. Ich muß schon sagen ...

ICH: HERR, sie singen Ihren Preis aus Liebe.

DER HERR: Sie schmeicheln mir, das ist alles. Und sie beleidigen meine Intelligenz. Als ob der Schöpfer der Welt auf solche Lobhudelei angewiesen wäre. Sie würden es niemals wagen, den Computer der Stadtverwaltung von Tel Aviv mit so etwas zu füttern. Glauben Sie mir, lieber Freund: Es ist höchste Zeit, die Dinge ein wenig aufzulockern. Ein paar kleine Kürzungen und Änderungen werden niemandem weh tun. Warum sollen Männer und Frauen nicht zusammen beten? Und wo steht geschrieben, daß die Männer immer etwas auf dem Kopf tragen müssen, vielleicht gar eine mittelalterliche polnische Pelzmütze? Habe ich euch befohlen, in langen, schwarzen Mänteln herumzulaufen, auch im Sommer? Auf diese Weise entfremdet ihr mir die Jugend!

ICH: Es ist Tradition, HERR. Ihre Tradition.

DER HERR: Reden Sie sich doch nicht immer auf mich heraus, wenn ich bitten darf. In einer Zeit, in der die Menschen auf den Mond fliegen, beharren Sie darauf, daß sie am Sabbath nicht fahren dürfen. Oder nehmen Sie Ihre Hochzeitszeremonie. Die wird noch immer auf aramäisch abgehalten, in einer archaischen Sprache, die nicht einmal ich verstehe. Was soll das alles? Ich habe nichts gegen die Orthodoxen, solange sie mich nicht zwingen, ebenso zu denken wie sie. Aber gleich ausspucken, wenn jemand nach einem anderen Ritus betet? Wie läßt sich das mit der Tatsache vereinbaren, daß es schließlich in jedem Ritus um mich geht? Was werden sich die Zodiac-Anbeter auf dem Mars denken?

ICH: Das klingt beinahe, HERR, als ob Sie ein Ungläubiger geworden wären.

Der Herr (energisch): Bin ich nicht! In keiner Weise! Bitte machen Sie das Ihren Lesern eindeutig klar! Ich versuche nur, den Fanatikern gegenüber meine Position zu wahren. Sie sollen mir doch nicht länger unterstellen, daß ich nach wie vor die strikte Einhaltung aller 613 Gebote und Verbote erwarte, als wäre in der Zwischenzeit nichts passiert. Damit mache ich mich ja in den Augen jedes denkenden Menschen lächerlich um Gottes willen ...

Ich: Dann gehören Sie also der Reformbewegung an?

Der Herr (vorsichtig): Ich möchte mich nicht festlegen. Sagen wir, daß ich mit den Reformern sympathisiere. Hauptsache bleibt, daß ich Jude bin.

Ich: Mit allem Respekt, wie wollen Sie das beweisen?

Der Herr (überrascht): Da haben Sie recht. Es gibt keine gesetzliche Definition des jüdischen Gottes ... Ich bin Jude, weil ich Jude bin ... (Mit wärmerer Stimme.) Ich liebe euch alle. Ich bin des guten Willens voll. Aber auch Sie müssen Konzessionen machen. Treiben Sie bitte keinen Keil zwischen mich und meine Religion.

Ich: Herr, ich danke Ihnen für dieses Gespräch. Darf ich meinen Lesern sagen, daß Sie uns noch immer für das auserwählte Volk halten?

Der Herr (herzlich): Gewiß. Ich mag euch mehr als alle anderen Völker.

Ich: Warum?

Der Herr: Ihr seid so komisch.

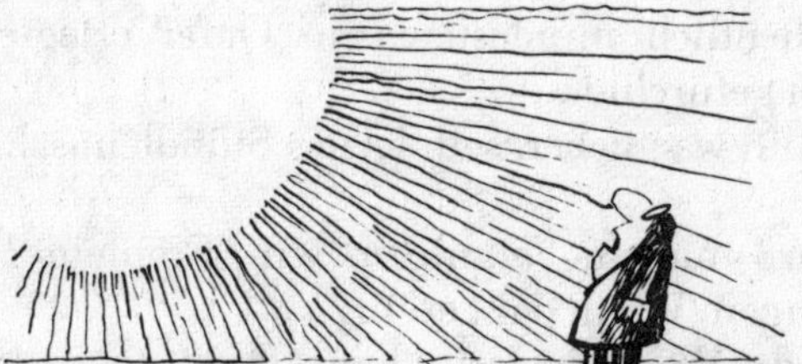

Das gesprochene Wort ist wie Asche im Wind, das geschriebene Wort bleibt bestehen«, sagten schon die alten Römer, und die heutige Boulevardpresse ist der gleichen Meinung. Deshalb denkt, wer interviewt werden soll, unwillkürlich an die römischen Gladiatoren, die wissentlich in den Tod gingen: »Ave Caesar, morituri te salutant.«

Ein typischer Fall von Medienmasochismus

Die menschliche Pressetragödie, über die im folgenden berichtet wird, begann an einem schwülen Sonntag, als im Hause des Berufspolitikers Benjamin Schultheiss das Telefon läutete. Am anderen Ende des Drahts meldete sich die Redaktion eines Schundblattes mit Massenauflage.

»Herr Schultheiss«, sagte die Redaktionssekretärin, »Dvorah Triller will ein Interview mit Ihnen machen.«

Schultheiss krümmte sich und hätte am liebsten den Hörer hingeworfen. Wozu brauchte er ein Interview? Gerade jetzt? Die undurchsichtige Schweizer-Franken-Affaire wirkte noch immer nach, und die Sache mit dem Übersee-Investitionsfonds war noch immer nicht geklärt. Und Dvorah Triller galt mit Recht als die gefährlichste Schlange im gesamtisraelischen Zeitungswesen. Ihre bissigen, rücksichtslosen Interviews, mit denen sie allwöchentlich mindestens ein Opfer erlegte, waren weithin gefürchtet.

Benjamin war sicher, sein letztes Stündlein schlagen zu hören.

»Es wird mir ein Vergnügen sein, Fräulein Triller zu empfangen. Wann paßt es ihr?«

»Ende der Woche in Jerusalem. Okay?«

»Okay.«
Von diesem Augenblick an tat Benjamin Schultheiss kein Auge mehr zu. Des Nachts suchten ihn wilde Schreckensvisionen heim und nahmen die Gestalt von Zeitungsseiten an, auf denen Fetzen des bevorstehenden Interviews zu lesen waren ... Er sei ein alter Betrüger, hatte Dvorah Triller geschrieben ... ein genußsüchtiger Fettwanst ... ein Reaktionär ... eine Pestbeule des öffentlichen Lebens ...
»Sie wird mich ruinieren«, flüsterte er tonlos vor sich hin. »Ich bin am Ende.«
»Warum gibst du ihr überhaupt ein Interview?« fragte Frau Schultheiss. »Mußt du ihr denn ein Interview geben? Gib's ihr nicht.«
Schultheiss blickte auf. »Komisch«, sagte er. »Daran habe ich noch gar nicht gedacht.«
Er log. Er hatte wiederholt daran gedacht. Selbst nachdem er seine Zustimmung gegeben hatte, war ihm immer wieder der Gedanke gekommen, die Redaktionssekretärin anzurufen und ihr zu sagen, daß er sich's überlegt hätte und an dem Interview nicht interessiert sei. Leider stand dieser Lösung ein technisches Hindernis entgegen: Er *war* an dem Interview interessiert. Zwar fürchtete er einerseits Dvorah Trillers scharfe Feder, anderseits jedoch durfte man den Reklamewert eines solchen Interviews nicht unterschätzen. Man kam ins Gespräch, man stand im Scheinwerferlicht der Öffentlichkeit, man war prominent. Allerdings: um welchen Preis?
Schultheiss ertrug diesen seelischen Zwiespalt nicht länger. Mit zitternder Hand griff er nach dem Hörer und fragte in Jerusalem nach, ob die Zusammenkunft mit Dvorah Triller endgültig feststehe.
Die Zusammenkunft stand endgültig fest.
Schultheissens heimliche Hoffnung auf eine Absage des

Interviews brach zusammen und Schultheiss selbst folgte nach. Er sperrte sich in sein Zimmer ein und trainierte vor dem Spiegel verschiedene Varianten des zu erwartenden Frage- und Antwortspiels:
»Wie dürfen Sie sich unterstehen, das Wort ›Schweizer Franken‹ überhaupt in den Mund zu nehmen?« fuhr er sein imaginäres Gegenüber an. Oder: »Warum fragen Sie mich nach Übersee-Investitionen? Erkundigen Sie sich in Übersee!«
Sein Haß gegen Dvorah Triller wuchs stündlich, aber gleichzeitig fühlte sich Benjamin Schultheiss vom Gegenstand dieses Hasses unwiderstehlich angezogen. Er bewunderte Dvorah, er bewunderte ihre Tatkraft und ihre Erfolge. Es war eine richtige Haßliebe, die ihn mit ihr verband, und wenn er daran dachte, sie mit seinen eigenen Händen zu erwürgen, hatte das die deutlichen Merkmale eines Lustmordes an sich. In einem seiner Alpträume sah er sich als zwei weiße Mäuse, die in entgegengesetzten Richtungen davonsausten.
Ein Gespräch mit seinem Rechtsanwalt beruhigte ihn ein wenig. Der erfahrene Jurist stellte ihm für den Fall, daß Dvorah Triller die Schweizer-Franken-Affäre auch nur streifen würde, eine saftige Verleumdungsklage mit saftigem Schadenersatz in Aussicht. Das Anwaltshonorar, so kam man überein, würde in Schweizer Franken ausgezahlt werden.
Die Beruhigung hielt nicht an. Als Schultheiss ein führendes Foto-Atelier aufsuchte, um Dvorah Triller mit einer geeigneten Illustration für das Interview zu versehen, zitterte er derart, daß alle Aufnahmen verwackelt herauskamen. Außerdem begann er zu trinken. Am Vorabend des Interviews warf er sich seiner Frau zu Füßen.
»Laß mich nicht fort«, flehte er mit klappernden Zäh-

nen. »Du darfst mich dieser Bestie nicht zum Fraß vorwerfen! Du mußt mich zurückhalten!«
Frau Schultheiss fesselte ihren Gatten und band ihn mit starken Stricken an ein Fauteuil.
»So ist's richtig«, lobte Schultheiss. »Und wenn ich noch so sehr brülle und tobe – du darfst mich nicht freilassen, Liebling. In keinem Fall, hörst du?«
Während der folgenden Nacht wurden die Bewohner der umliegenden Häuser durch markerschütterndes Brüllen und Toben aus dem Hause Schultheiss wachgehalten: »Laß mich los, verdammtes Weib! Ich will zu Dvorah! Ich will mein Interview haben!«
Gegen Morgen legte sich der Lärm. Frau Schultheiss, durch die anhaltende Stille beunruhigt, eilte ins Nebenzimmer. Es war leer. Schultheiss hatte die Stricke durchgebissen und sich aus dem Staub gemacht. Auf dem Fauteuil lag ein Zettel: »Verzeih mir, Liebling. Ich konnte nicht anders. Dein unglücklicher Gatte.«
Das Interview erschien zwei Tage später mit der Überschrift »Frankensteins Rückkehr« und brachte nicht nur die Schweizer-Franken-Affaire und die Übersee-Investitionen zur Sprache, sondern auch die fast schon vergessene Sache mit der Bauchtänzerin und dem unehelichen Kind. Schultheiss war, ganz wie er es vorausgesehen hatte, im Gespräch. Allerdings in einem Gespräch, das ihn für lange Zeit sowohl in politischer wie in gesellschaftlicher Hinsicht unmöglich machte.
Sein treues Weib saß an seinem Krankenlager, hielt ihm die Hand und streichelte ihn.
»Erkennst du mich?« fragte sie mit tränenerstickter Stimme, wenn er gelegentlich einmal die Augen aufschlug.
Schultheiss sah glasig durch sie hindurch und gab auch sonst nur mangelhafte Lebenszeichen von sich.
Das Telefon läutete.

»Soll ich abheben?« fragte Frau Schultheiss.
Schultheiss nickte.
Frau Schultheiss ging zum Telefon und hob ab. Nach einer Weile kam sie zurück.
Die Redaktion eines zweitrangigen Wochenblattes bat um ein Interview.
Schultheiss bewegte mühsam die Lippen:
»Wann?« flüsterte er. »Wann?«

Der einzige Weg zu einem wirklich authentischen Interview ist: Do-it-yourself.
Meine Stunde war gekommen, als aus Anlaß meines letzten Geburtstages mich mein Verleger aufgefordert hatte, ein Interview mit mir selbst zu machen.
»Sie sparen Zeit und Nerven«, rechtfertigte er seinen etwas befremdlichen Vorschlag. Zuerst wollte ich das Angebot dennoch nicht annehmen. »Das Verhältnis zwischen mir und mir ist momentan nicht gerade das beste«, erklärte ich. »Ich fürchte, es käme keine fruchtbare Zusammenarbeit mit mir zustande.« Nach langem Zureden gab ich schließlich nach und besuchte mich zu Hause.
Das Gespräch begann in einer etwas frostigen Atmosphäre, verlief aber dann ohne nennenswerte Zwischenfälle.

Der Jubilar konnte seine Enttäuschung nur schlecht verbergen:
Kishon: Hätte die Redaktion nicht einen jüngeren Journalisten schicken können?
Ephraim: Entschuldigen Sie, ich fühle mich durchaus imstande, ein überflüssiges Interview mit Ihnen zu machen.
Kishon: Nehmen Sie es bitte nicht persönlich. Ich schätze, wir haben den gleichen Jahrgang, nicht wahr? Ich weiß aus eigener Erfahrung, daß die Reaktionen in unserem Alter schwächer werden. Die grauen Zellen entfliehen scharenweise dem Gehirn, und das Erinnerungsvermögen läßt gefährlich nach.
Ephraim: Seit wann leiden Sie daran?
Kishon: Woran?
Ephraim: An der Vergeßlichkeit?
Kishon: Welcher Vergeßlichkeit?

Der alte Schreibling macht äußerlich einen hervorragenden Eindruck. Man würde ihm nicht mehr als 63 oder 64 geben. Besonders die Wimpern wirken jugendlich.

Ephraim: Sie sehen blendend aus, lieber Meister. Ich schwöre Ihnen, als Mädchen würde ich...
Kishon: Was sollte ich denn mit einem 65jährigen Mädchen?
Ephraim: Je nach dem.
Kishon: Hören Sie, mein Freund, ich fühle mich nicht alt, weil ich so viele Jahre hinter mir habe, sondern weil nur noch so wenige vor mir liegen.
Ephraim: Sie erinnern sich doch an...
Kishon: Ja, ich weiß, Adenauer.

Ephraim: Genau. Er war über 90 und Herr all seiner Sinne.
Kishon: Eben. In meinem Alter kann ich noch Kanzler werden. Für einen Grundschullehrer allerdings wäre es zu spät.
Ephraim: Verehrter Meister, jeder ist so alt, wie er sich fühlt.
Kishon: Diesen Blödsinn können nur junge Esel glauben. Um sein wahres Alter zu kennen, braucht der Mensch nichts zu fühlen, ein Blick in den Reisepaß genügt. Natürlich bleibt jeder in einem bestimmten Alter stehen. Ich zum Beispiel bin seit 18 Jahren 47.
Ephraim: Ich für meinen Teil bin seit 57 Jahren 8.
Kishon: Das merkt man. Aber die Ernüchterung bleibt nicht aus. Man nimmt nach 40 Jahren an einem Klassentreffen teil und hat den Eindruck, jeder habe seinen Großvater geschickt. Man fixiert einander und sagt zu sich selbst: Um Himmels willen, sehe ich etwa auch schon so aus? Man gerät in allerhöchste Panik, und genau dann kommt ein verschrumpelter Greis und sagt: »Mensch, du hast dich überhaupt nicht verändert...«
Ephraim: Ist Ihnen das tatsächlich passiert?
Kishon: Was passiert?
Ephraim: Klassentreffen.
Kishon: Was für ein Treffen? Wovon reden Sie eigentlich? Also ehrlich, einen jüngeren Journalisten hätte ich wirklich vorgezogen...

Er trägt eine randlose Brille, sieht sonst aber phantastisch aus. Hat gutfrisierte, weiße Haare, wenn auch nicht in ausreichender Menge. Er raucht nicht, was man sofort an seiner fiebernden Nervosität merkt.

Kishon: Sagen Sie, müssen wir immer nur über mein Alter sprechen? Gibt es keine anderen Themen?

Ephraim: Welche Pläne haben Sie für die Zukunft, Herr Kishon?
Kishon: Welche Pläne kann man in meinem Alter schon haben? Ich werde 65. Ich stehe vor dem Torschluß.
Ephraim: Sie übertreiben. Im Fußball zum Beispiel sind gerade die letzten Minuten die aufregendsten.
Kishon: Gewiß. Aber das Leben ist kein Fußballspiel, es ist ein unvergeßlicher, kurzer Urlaub. Und die letzten Tage sind bekanntlich recht traurig.
Ephraim: Es gibt Ausnahmen...
Kishon: Ja, Adenauer.
Ephraim: Richtig.
Kishon: Mißverstehen Sie mich nicht, ich fühle mich im großen und ganzen ausgezeichnet. Was mich stört, sind nur die kleinen Nebenerscheinungen des Alters. Plötzlich gibt es überall zu viele Treppen und ältere Damen machen einem im Autobus Platz. Auch die Rangfolge der ernsthaften Dinge ändert sich schlagartig. Krampfadern werden wichtiger als Atombomben. Man durchläuft auch eine hormonelle Umwandlung. Seit einiger Zeit ertappe ich mich zum Beispiel dabei, daß ich die Zahnpastatube in der Mitte zusammendrücke. Eine rein feminine Reaktion. Und hier darf ich meinen Opa zitieren. Er hat eine unfehlbare Definition auf die Frage gefunden, wann der Mensch wirklich alt wird.
Ephraim: Wann denn?
Kishon: Wenn er beim Pipimachen Zeitung liest.
Ephraim: Sind Sie schon so weit?
Kishon: O ja. Ich löse Kreuzworträtsel. Wenn ich meine Brille finde.
Ephraim: Aber Maestro, eine Brille ist doch kein Altersindiz. Es gibt 90jährige, die noch ohne Brille lesen.
Kishon: Wer zum Beispiel?
Ephraim: Na, wer schon...
Kishon: Adenauer?

Ephraim: Wer ist das?
Kishon: Der Kanzler ...
Ephraim: Nie gehört.
Kishon: Bißchen senil, was?
Ephraim: Werden Sie gefälligst nicht persönlich. Ihre eigene Verkalkung ist längst im fortgeschrittenen Kreidestadium.
Kishon: Auf alle Fälle würde ich sie nicht gegen deine Nierensteine eintauschen.
Ephraim: Du bist selbst ein Fund aus der Steinzeit.
Kishon: Und du eine schlechtpräparierte Mumie.
Ephraim: Dinosaurier.
Kishon: Neandertaler.
Ephraim: Herr Kishon, ich danke Ihnen für dieses Gespräch.

Ich möchte meinen Journalistenkollegen nicht zu nahe treten, dennoch: In jedem Journalisten steckt ein frustrierter Schriftsteller.
Ein Journalist kann Regierungen zur Macht verhelfen oder sie stürzen, er kann sogar historische Wenden einleiten, er kann alles – außer unsterblich werden.
So ist es nun einmal. Der Journalist in mir war immer im Kriegszustand mit dem Schriftsteller, mit dem er mich teilen mußte. Ich verstand ihn gut; es ist nicht einfach, jemanden zu trösten, der auf vergilbendem Zeitungs-

papier schreibt. Der einzige Trost, den ich für ihn finden kann: Er muß keinen Klappentext über sich selbst schreiben.

Der literarische Spiessrutenlauf

Die gute literarische Nachricht zuerst: Nach Monaten des Schwankens entschloß sich der renommierte Verlag Schächter & Co., den Roman »Der große Ausverkauf« von Ruben Baron zu veröffentlichen. Zalman Schächter persönlich empfing den jungen Autor in seinem Büro.
»Wir drucken zunächst 350 Exemplare«, teilte er ihm mit. »Dann sehen wir weiter.«
Der hoffnungsvolle Romancier war so aufgeregt, daß er nicht antworten konnte. Herr Schächter legte ihm väterlich den Arm um die Schulter und geleitete ihn zur Türe:
»Ich weiß, mein Junge. 350 ist keine imposante Auflage. Aber die Leute lesen nicht mehr soviel wie früher. Um die Wahrheit zu sagen: Sie lesen überhaupt nicht.«
Jetzt wagte Baron einen leisen Widerspruch:
»Das kann ich nicht glauben. Sind wir denn nicht das Volk des Buches?«
»Gewiß, gewiß«, lenkte der Verleger ein. »Und der durchschnittliche Israeli ist ja auch sehr stolz auf jedes einzelne Buch, das er besitzt. Er hegt und pflegt sie alle, er stellt sie in wohlgeordneter Reihe auf und behandelt sie mit größter Sorgfalt, er rührt sie nicht einmal an. Oder wenn, dann schaut er auf der letzten Seite nach, wie es ausgeht. Oder er sucht nach einer saftigen erotischen Stelle. Aber meistens liest er nur den Text auf dem Schutzumschlag. Also gehen Sie nach Hause, lieber Freund, und schreiben Sie mir einen schönen Klappentext für Ihr Buch.«

»Ich?« replizierte der junge Autor mit einigem Unbehagen. »Sie meinen, ich selbst sollte –?«
»Wer denn sonst? Niemand kennt Sie und Ihr Buch besser als Sie selbst! Und was glauben Sie, von wem die begeisterten Hymnen auf den Schutzumschlägen stammen? Immer von den Autoren!«
»Tatsächlich? Dazu geben sich die Autoren her?«
»Warum nicht? Es erfährt ja niemand davon. Außerdem bleibt ihnen nichts anderes übrig. Ich als Verleger kann diese Texte nicht schreiben. Da müßte ich ja erst das betreffende Buch lesen und wäre voreingenommen, nicht wahr. Ich pflege zu sagen: Wenn ein Autor nicht einmal seinen eigenen Werbetext schreiben kann – was kann er dann überhaupt? Warten Sie, ich zeige Ihnen etwas.«
Schächter griff nach einer der herumliegenden Mappen und holte Fahnen hervor:
»Hier. Das sagt Tola'at Shani, dessen letztes Buch ein peinlicher Mißerfolg war, über sein neues Werk: ›Der populärste Epiker des Jahrhunderts, dessen vorangegangener Roman das Land im Sturm erobert hat, beschert seiner großen Lesergemeinde abermals ein wahres Juwel in Prosa.‹ Das ist die Art von Werbung, die wir brauchen. Setzen Sie sich an Ihren Schreibtisch, junger Mann, und legen Sie los. Keine falsche Bescheidenheit! Drücken Sie auf die Tube!«
Baron ging nach Hause, entnahm seiner Bibliothek wahllos einige Bücher, las, um sich einzustimmen, die Klappentexte und begann zu schreiben:
»Sein brillanter Stil, seine psychologische Darstellungskunst und sein tiefes Verständnis für menschliche Beziehungen machen Ruben Baron zu einem der wichtigsten Repräsentanten unserer jungen Schriftstellergeneration.«
An dieser Stelle erhob er sich, trat vor den Spiegel, sah

sich an und spuckte seinem Ebenbild ins Gesicht. Dann zerriß er, was er geschrieben hatte, fühlte sich sehr erleichtert und ging zu Bett.

»Nein, nein, nein«, flüsterte er in die Kissen. »Ich prostituiere mich nicht!«

Als er am Morgen erwachte, hörte er eine innere Stimme, die ihm mitteilte, daß die Prostitution das älteste Gewerbe auf Erden sei. Daraufhin holte er das zerrissene Manuskript aus dem Papierkorb, fügte es wieder zusammen und überlas es. Ihm schien, er hätte gar nicht so sehr übertrieben und könnte sogar noch deutlicher werden.

»Seine drängende und dennoch stets disziplinierte Prosa«, hieß es in der Neufassung, »sein durchdringender Scharfblick und die leidenschaftliche Anteilnahme am Schicksal seiner Gestalten . . .«

Mit unwiderstehlichem Zauber überkam ihn eine nie zuvor erfahrene Schöpferkraft. Hier nahm, er fühlte es, zum erstenmal in seinem Leben die reine, unverfälschte Wahrheit Gestalt an. Und es trug ihn immer höher:

»Was soll das heißen?« sprach er vorwurfsvoll zu sich. »Wieso bin ich nur einer der wichtigsten Repräsentanten der jungen Generation? Ich bin der wichtigste. Und der jüngste noch dazu. Ich bin der jüngste und der wichtigste von allen . . .«

Der Rückschlag ließ nicht lange auf sich warten. Barons menschliche Sauberkeit setzte sich durch. Er zerrte das Blatt aus der Schreibmaschine, warf es in die Klosettschüssel, betätigte die Spülung und fühlte sich sehr erleichtert.

Am Abend dieses Tages sahen die heimwärtsstrebenden Fußgänger einen jungen Mann durch die Straßen wandern und hörten ihn murmeln: »Ein literarischer Gigant... kometengleich... ein Virtuose...« Ver-

ständnisvoll nickten sie hinter ihm her: »Armer Kerl. Er muß seinen Klappentext schreiben.«
In der Nacht versuchte es Baron aufs neue (»Ein moderner Tolstoj ...«). Am Morgen riß er das Manuskriptblatt in Fetzen, warf sie zum Fenster hinaus und fühlte sich sehr erleichtert.
Ein kleiner Spaziergang vor dem Haus gab ihm Gelegenheit, Tolstoj wieder einzusammeln. In seine Wohnung zurückgekehrt, brach er tränenüberströmt zusammen und rief Schächter an.
»Ich kann nicht«, stöhnte er. »Ich bringe das nicht über mich, Herr Schächter. Ich sterbe vor Scham.«
»In Ordnung«, sagte der Verleger. »Tote Autoren verkaufen sich leichter. Außerdem habe ich eine schlechte Nachricht. Einer der sechzehn ständigen Käufer hebräischer Neuerscheinungen wird an grauem Star operiert. Vielleicht sollten wir das Erscheinen Ihres Buchs auf einen günstigeren Zeitpunkt verschieben.«
Das war zuviel für Baron. Er legte den Hörer auf, raffte alles vorhandene Klappentextmaterial zusammen und sauste so eilig in den Verlag, daß er unterwegs ein Dutzend Superlative verlor. Angelangt, warf er das Werbegewäsch vor Schächter hin und sah ihm, von Selbsthaß zerfressen, bei der Lektüre zu. »Hm ... nicht schlecht ...« brummte der Verleger, als er fertiggelesen hatte. »Ich sagte Ihnen ja, daß nur der Autor selbst imstande ist, sich richtig zu schildern.«
Dann nahm er einen Bleistift zur Hand, änderte ein paar Worte, strich hier ein Sätzchen, fügte dort ein anderes hinzu und las befriedigt den endgültigen Text:
»Zalman Schächter & Co., Israels führendes Verlagshaus, bringt immer das Beste der zeitgenössischen Literatur und bringt es immer in attraktiver Ausstattung. Mit Stolz präsentiert das Verlagshaus Zalman Schächter & Co. diesen neuen, unerschrockenen und unzen-

sierten Roman in gewohnt schönem Druck auf holzfreiem Papier und in Halbleinen gebunden zum reduzierten Preis von nur 49.95 Pfund. In der selben Reihe und zum selben Preis erscheint im September der amerikanische Bestseller ›Geschichte des Bordells‹. Reich illustriert! Bestellen Sie jetzt!«
Baron hatte seinem Verleger über die Schulter geschaut und fassungslos mitgelesen.
»Das?« fragte er heiser. »Das ist der Klappentext für meinen Roman?«
»Ja. Warum fragen Sie?«
»Sagten Sie nicht, daß der Klappentext vom Autor stammen muß?«
»Bitte sehr. Wenn Sie darauf bestehen.«
Und Herr Schächter setzte über den Text die Worte »Was der Autor sagt« und einen Doppelpunkt.
Ruben Baron ging nach Hause, nahm einen Strick und hängte sich auf. Als ihm die Schlinge zu eng wurde, durchschnitt er den Strick und fühlte sich sehr erleichtert.

Vom Klappentextschreiben ist der Journalist befreit, nicht aber von seiner Verantwortung gegenüber der Öffentlichkeit. Schließlich hat er ungewöhnlichen Einfluß auf die Ereignisse, manchmal sogar eine ganze Woche lang.

Diese These hat nur einen schwachen Punkt: Sie stimmt nicht.
Der Zeitungsmann kann sich vieles vormachen, sogar ein ganzes Leben lang, einmal aber kommt die Stunde der Wahrheit. Dann muß er mit sich selbst abrechnen, am besten in horizontaler Lage.

Zu Tode gelobt

Soll ich mich hinlegen, Herr Professor?«
»Ja. Hier, auf diese Couch. Legen Sie sich hin, schließen Sie die Augen und erzählen Sie mir, was Sie bedrückt.«
»Ich verstehe die Welt nicht mehr.«
»Na ja, das sagt man so. Sie müssen sich schon ein wenig genauer ausdrücken. Vergessen Sie, daß ich Ihr Psychiater bin, und plaudern Sie drauflos. Sprechen Sie zu mir wie zu einem alten Freund. Also.«
»Also, Sie wissen ja, daß ich mich publizistisch betätige. Seit 35 Jahren verfasse ich eine satirische Kolumne für eine unserer führenden Tageszeitungen. Von Haus aus bin ich ein stiller, ruhiger Mensch. Man könnte mich sogar einen Feigling nennen. Aber manchmal schreibe ich sehr scharfe Artikel gegen die Regierung und verschiedene öffentliche Institutionen.«
»Vollkommen in Ordnung. Wir leben ja in einer Demokratie.«
»Trotzdem. Infolge meiner ständigen Angriffe fühle ich mich nun meinerseits gefährdet. Ich fürchte die Rache der Angegriffenen. Zum Beispiel ließ ich vor ungefähr einem Jahr einen scharfen Artikel gegen Dr. Bar-Bizzua veröffentlichen, den Generaldirektor des Ministeriums für Öffentliche Planung, Sie erinnern sich . . .«
»Nicht sehr genau.«

»Damals verhandelte Dr. Bar-Bizzua für die Regierung mit einer neugegründeten Firma, der ›Allgemeinen Petrol- und Produktions-AG‹. Es ging um einen Auftrag in der Höhe von 160 Millionen. Dr. Bar-Bizzua unterschrieb den Auftrag im Namen der Regierung und begab sich anschließend zum Minister für Öffentliche Planung, um ihm seinen Rücktritt bekanntzugeben. Als er das Ministerium verließ, war er bereits der neue Manager der ›Allgemeinen Petrol‹ und konnte in dieser Eigenschaft den von ihm unterzeichneten Vertrag gegenzeichnen. Ich habe diesen Vorgang, der allen ethischen Gesetzen Hohn spricht, aufs schärfste verurteilt und habe den Minister für Öffentliche Planung zum Rücktritt aufgefordert.«

»Ja, jetzt erinnere ich mich. Wenn ich nicht irre, nannten Sie ihn den ›Minister für Öffentliches Korruptionswesen‹.«

»Richtig. Und nach Erscheinen dieses Brandartikels habe ich mich tagelang nicht auf die Straße getraut. Ich mußte ja damit rechnen, daß der Minister sich irgendwie zur Wehr setzen würde.«

»Kein abwegiger Gedanke.«

»Und was geschah? Zwei Tage später ging bei mir das Telefon – und es war der Minister selbst. ›Lieber Freund‹, sagte er, ›ich möchte Ihnen nicht verheimlichen, daß ich mir Ihre prächtige Satire ausgeschnitten habe und daß sie eingerahmt auf meinem Schreibtisch steht, gleich neben dem Foto meiner Frau und der beiden Buben. Ich pflichte jedem Ihrer Worte bei. Gott segne Sie.‹ Was sagen Sie dazu?«

»Ein klarer Fall von Projektionsverschiebung. Der Minister identifiziert sich gewissermaßen mit Ihnen. Eine sehr positive Einstellung, finde ich.«

»Und ich dachte, er würde beleidigt sein und einen Wutanfall bekommen.«

»Einen Wutanfall? Warum? Sie hatten recht, und er gab es zu.«
»Hm. Wenn Sie glauben. Offenbar leide ich an Verfolgungswahn, weil man mich nicht verfolgt. Wie ich später hörte, hat der Minister meine Satire vervielfältigen lassen und sie unter seinen Beamten verteilt. Einer von ihnen ließ mich wissen, daß er mir noch ganz andere Geschichten aus dem Ministerium erzählen könnte. Mir würden die Haare zu Berg stehen, sagte er. Und er blieb nicht der einzige.«
»Mit anderen Worten: Man bringt Ihnen von allen Seiten Verständnis und Zuneigung entgegen.«
»Ja, und das macht mich verrückt. Sogar Dr. Bar-Bizzua hat mir geschrieben, auf dem Briefpapier der ›Allgemeinen Petrol‹. Er gratulierte mir zu meinem Artikel und wünschte mir weiterhin viel Glück. Was soll das bedeuten?«
»Daß er Ihnen weiterhin viel Glück wünscht.«
»Aber das ist doch ein unmöglicher Zustand. Der Minister hätte demissionieren und die ›Allgemeine Petrol‹ hätte Dr. Bar-Bizzua entlassen müssen. Statt dessen geben sich beide Seiten vollkommen unbekümmert. Es hat sich überhaupt nichts geändert. Es ist alles beim alten. Genau wie in der Frage der Einkommensteuer. Seit Jahren attackiere ich mindestens einmal im Monat unser Steuersystem und weise nach, daß es unsere Bürger zu Betrügern macht –«
»Ich bedaure, aber ich kann Ihnen auch keine Honorarquittung geben.«
»Davon rede ich nicht. Ich habe unseren Staat jetzt schon an die zwanzigmal ›das Land der Steuerhinterzieher‹ genannt und habe eigentlich damit gerechnet, daß man mich eines Tages lynchen würde. Weit gefehlt. Neulich im Theater trat der Finanzminister auf mich zu und klopfte mir anerkennend auf die Schulter: ›Ich

kann Ihnen gar nicht sagen, welchen Dienst Sie uns mit Ihren hervorragenden Artikeln erweisen! Fahren Sie fort! Lassen Sie nicht ab von uns! Die Gerechtigkeit muß siegen!‹ Kurzum – es gibt niemanden im ganzen Establishment, der mit mir nicht einverstanden wäre.«

»Das ist doch aber sehr ermutigend.«

»Zweifellos. Pressefreiheit ... Meinungsfreiheit ... Demokratie in Funktion ... alles schön und gut. Aber die Steuern sind noch immer so hoch wie zuvor. Als ich vorige Woche in meiner Kolumne für unsere Steuerbehörde den Ausdruck ›Taschen-Mafia‹ gebrauchte, bekam ich vom Finanzminister einen Blumenstrauß und ein Kärtchen mit persönlichen Glückwünschen: ›Wir alle bewundern die Meisterschaft Ihrer Formulierungen und die Treffsicherheit Ihrer Wortspiele! Nur so weiter!‹ Wie finden Sie das?«

»Ich finde das sehr nett von ihm. Es zeugt für seinen gesunden Humor. Ein anderer an seiner Stelle hätte vielleicht protestiert. Er nicht.«

»So. Und warum hat er dann protestiert, als ich in einem Artikel eine Andeutung machte, daß er einen Bauch bekommt?«

»Weil das seinem Bild in der Öffentlichkeit schadet. Sie müssen persönliche Angriffe vermeiden.«

»Ich muß gar nichts vermeiden. Ich bin ein Fanatiker der Wahrheit, ich bin ein kämpferischer Satiriker. Haben Sie meine Artikelserie über die Verbrecherorganisationen in unserem Land gelesen?«

»Sie meinen Ihre Offenlegung der Mißstände im Flughafen?«

»Nein, die haben mir drei Freiflüge nach Europa eingebracht. Ich meine die von mir publizierten Enthüllungen über die Oberschicht der Unterwelt. Ich meine das merkwürdige Anwachsen in Brand geratener Läden und der damit zusammenhängenden Gewalttaten, darunter einige Mordfälle. Sogar der Polizeipräsident wurde aufmerksam, lud mich zum Mittagessen ein und brachte einen Toast auf mich aus: ›Ich trinke auf das Gewissen unserer Nation, auf den unermüdlichen Enthüller der verborgenen Übel in unserem Land!‹ Noch nie im Leben habe ich so stürmischen Beifall gehört.«

»War das damals, als Ihr Name im Goldenen Buch verewigt wurde?«

»Nein. Ins Goldene Buch wurde ich eingeschrieben, als es mir gelang, die Korruption in der Landverteilung aufzudecken.«

»Das war ja auch ein brillanter Artikel. Ich habe mich schiefgelacht.«

»Danke vielmals. Aber die Korruption geht weiter. Fast scheint es mir, als hätte dieser Mittelmeerbazillus auch mich schon infiziert. Vor ein paar Wochen brauchte ich eine kleine Gefälligkeit von einem unserer Ämter, und da ich dort niemanden kenne, schrieb ich einen Artikel, daß in der betreffenden Abteilung lauter Idioten säßen. Prompt waren die freundschaftlichen Beziehungen hergestellt. ›Wenn Sie wüßten, wie recht Sie haben‹, sagten mir die Mitglieder des Stabs. Und gaben mir bereitwillig weitere Auskünfte.«

»Ein höchst anerkennenswerter Zug zur Selbstkritik.«

»Ohne die geringsten Folgen.«

»Sie dürfen nicht zuviel auf einmal verlangen. Man muß nachsichtig sein. Liebe deinen Nächsten wie dich selbst.«

»Was hat das mit Liebe zu tun, zum Teufel? Sie reden nichts als Unsinn, Herr Doktor.«

»Möglich, möglich.«

»Verzeihen Sie – aber ich hätte mehr von Ihnen erwartet als solche Dummheiten.«

»Das liegt an Ihnen.«

»Sie sind kein Psychiater, Sie sind ein läppischer Phrasendrescher. Immer dasselbe. Wie eine steckengebliebene Schallplatte.«
»Ich kann Ihnen nicht widersprechen.«
»Im Grunde sind Sie genauso unverbesserlich wie alle anderen.«
»Wenn Sie wüßten, wie recht Sie haben.«

Zum Abschluß erlaube ich mir, sentimental zu werden, und meinen besten Freunden von Herzen zu danken.

Metamorphose eines Durchschnittslesers

Ich sitze im Wartesaal eines großen Bahnhofs. Mein Blick – der Blick des geborenen Satirikers – schweift über den Raum und über die anderen Wartenden, schweift über den Menschen und sein Antlitz.
Ganz besonders interessiert mich ein Herr, der an der gegenüberliegenden Wand sitzt und Zeitung liest. Ich betrachte ihn schon seit längerer Zeit. Eigentlich betrachte ich *nur* ihn. Er liest die Zeitung von heute, Samstag, die Wochenend-Ausgabe, die wieder eine meiner unvergleichlichen Kurzgeschichten enthält;

eine ganz hervorragende, eine – wie ich in aller Bescheidenheit sagen möchte – nahezu geniale Geschichte.
Natürlich habe ich die Wochenend-Ausgabe längst gelesen, und da ich dank meines ausgezeichneten Gedächtnisses nicht nur den gesamten Inhalt, sondern auch seine Anordnung in Erinnerung habe, kann ich den Herrn an der Wand beim Blättern und Lesen sachkundig beobachten. Je nachdem, was er als erstes liest, werde ich seinen Lebensstandard bestimmen können, seine Bildung, seine Weltanschauung, bis zu einem gewissen Grad sogar seine sexuelle Verfassung. Manche Leute lesen als erstes die Tagesneuigkeiten, manche die Filmkritiken, manche die Selbstmordnachrichten. Daraus kann man sehr interessante Schlüsse ziehen, wenn man kann. Vor dem Wissenden liegt der Zeitungsleser wie ein offenes Buch.
Dieser Mann, zum Beispiel, ist ein Idiot. Er hat die Seite mit meiner Geschichte erreicht und hat weitergeblättert.
Um die Wahrheit zu sagen: Ich habe gar nicht erwartet, daß er meine Geschichte lesen wird. Eines gilt nicht für alle. Es gibt Menschen, die von Gott das Himmelsgeschenk des Humors mitbekommen haben. Andere wieder sind verurteilt, humorlos durchs Leben zu gehen. Wie dieser Idiot hier. Er *soll* meine Geschichte gar nicht lesen. Keine Gefälligkeiten, bitte.
Es ist allerdings ein peinliches Gefühl, sich in der unmittelbaren Nachbarschaft eines erwachsenen Menschen zu wissen, dessen Intelligenzniveau ungefähr dem eines dreijährigen Kindes entspricht. Vermutlich ein Kleingewerbetreibender, oder in irgendeinem anderen trostlosen Erwerbszweig tätig. Wahrhaftig, er tut mir leid.
Jetzt blättert er zurück ... blättert zurück ... und hält auf jener Seite inne, wo meine Geschichte steht.

Na und? Soll ich deshalb vielleicht meine Meinung über ihn ändern? Nur weil er sich gnädig herabläßt, meine Geschichte zu lesen? Kennt man mich als Opportunisten? Das wäre ja noch schöner! Für mich ist dieser Mann der gleiche uninteressante Unterdurchschnittsbürger geblieben, der er immer war. Daran kann weder sein gepflegtes Äußeres etwas ändern noch seine keineswegs unklugen Augen hinter den geschmackvoll eingefaßten Brillengläsern.

Man sieht: Ich bin in keiner Weise nachtragend. Der Mann hat mir ja schließlich nichts getan. Er hat zuerst die ganze Zeitung durchgeblättert und ist sodann zu jenem Beitrag zurückgekehrt, von dem er sich am meisten verspricht. Das ist ganz in Ordnung. Es zeugt sogar für eine gewisse Denkmethodik und eine bemerkenswerte ideologische Reife.

Jetzt müßte er allerdings schon gelacht haben. Mindestens einmal. In der zehnten oder elften Zeile meiner Geschichte kommt ein brillantes Wortspiel vor, und darüber müßte er gelacht haben. Aber dieser widerwärtige Glatzkopf tut nichts dergleichen. Macht ein Gesicht, als wäre er bei einem Begräbnis. Ein sturer Geselle. Vollkommen unempfänglich für jede feinere Regung. Sein ganzes Sinnen und Trachten ist nur auf Geld gerichtet. Geld, Geld, Geld! Wirklich abstoßend. Dabei würde ich seinen haarigen Affenhänden keinen roten Heller anvertrauen.

Jetzt hat er auch noch gegähnt. Das ist der Typ, dem wir die Inflation verdanken. Und die Behörden rühren sich nicht.

Er hat gelacht.

Kein Zweifel: Er hat gelacht. Ich habe das Zucken um seinen linken Mundwinkel ganz deutlich gesehen. Diese aristokratischen Charaktere verstehen es eben, ihre wahren Gefühle zu verbergen. Aber bei aller Selbst-

beherrschung, über die er verfügt: Zum Schluß konnte er meinem Humor eben doch nicht widerstehen. Jede seiner Bewegungen drückt Würde und inneren Adel aus.
Jede? Wirklich jede? Auch die plumpe Gebärde, mit der er sich jetzt in den Mund gefahren ist? Er hat nämlich gar nicht gelacht. Er hat sich mit seinem nikotingelben, ungepflegten Finger einen Speiserest aus dem Zahn geholt. Ein Fleischhauer. Ein Metzger. Ein Halbtier.
Ja, dort gehörst du hin: in deine dunkle Höhle, zwischen die aufgehängten Tierkadaver, von denen unschuldiges Blut zu Boden tropft. Dort gehörst du hin, du erbärmliche Kreatur! Laß meine Meisterschöpfung in Ruhe, ich beschwöre dich! Nicht einmal mit deinen Blicken sollst du sie beschmutzen.
Vorausgesetzt, daß so einer überhaupt lesen kann. Wer weiß, vielleicht tut er auch nur so. Vielleicht ist das nur ein Täuschungsmanöver, mit dem er von einem haarsträubenden Verbrechen abzulenken versucht. Der Mann ist zu allem fähig. Man muß nur seine Augen ansehen, diese flackernden, blutrünstigen Augen. Und diese brutal gekrümmte Habichtsnase. Selbst um seine Ohren spielt ein grausamer Zug. Und schon der bloße Anblick seines fetten, schwammigen Körpers würde zehn Jahre Zuchthaus rechtfertigen. Was macht der Kerl überhaupt hier, auf dieser Bahnhofstation? Was heckt er aus hinter seiner niedrigen Stirn? Ist er am Ende ein Spion?
Gut möglich. Denn eines steht fest: Ein Mensch, der meine meisterhafte Satire liest, ohne daß sie ihm auch nur ein Lächeln entlockt, kann kein anständiger Bürger sein! Da haben wir's. Du hast dich gut getarnt, mein Junge, aber meinen Instinkt kannst du nicht irreführen. Ich muß die Polizei verständigen. Im Wartesaal eines strategisch wichtigen Bahnhofs treibt sich ein Indivi-

duum herum, das bei der Lektüre meiner Geschichten nicht lacht. Schicken Sie sofort einen Einsatzwagen ...
Was war das? Hat er jetzt gelacht?
Er hat nicht nur gelacht, er hat buchstäblich gejauchzt vor Vergnügen. Nun ja, vielleicht war er bis jetzt nicht so recht bei der Sache. Er ist ja auch nur ein Mensch, nicht wahr? Ein zerstreuter Professor vielleicht, ein Gelehrter, dessen Gedanken um irgendwelche Atomprobleme kreisen. Obwohl sein Habitus nicht unbedingt der eines Professors ist. Eher gleicht er einem Mitglied des Obersten Gerichtshof, oder einem Admiral in Zivil, oder sonst einer prominenten Figur des öffentlichen Lebens. Aber das spielt ja keine Rolle. Wer so von Herzen über meine Geschichte lachen kann, ist jedenfalls ein ehrenwerter Mensch. Gott segne ihn. Da sieht man wieder einmal, wie oberflächlich die ersten Eindrücke sind. Wo gibt es heute noch Menschen mit so markanten Gesichtszügen? Geradezu klassisch. Die klugen Augen strahlen Wärme und Verständnis aus, die makellosen Zähne blitzen im Sonnenschein. Er ist ein Dichter. Ein Humanist. Ein Wohltäter der Menschheit. Am liebsten würde ich seine erhabene Denkerstirne küssen, die Stirne meines Lesers. Ich liebe diesen Mann. Ich liebe sein perlendes Gelächter, sein überwältigendes Charisma.
Glücklich der Staat, der Söhne hat wie ihn. Und mich. Erlauben Sie, mein Leser, daß ich Sie »Mein Freund« nenne ...

ENDE !!